浮羅人文

高嘉謙｜主編

# 口袋裡的家國

## 歌曲、郵票<br>錢幣中的國族認同

Mak Lau Fong
麥留芳

# 目次

# 附錄

# 「浮羅人文書系」編輯前言

高嘉謙

島嶼，相對於大陸是邊緣或邊陲，這是地理學視野下的認知。但從人文地理和地緣政治而言，島嶼自然可以是中心，一個帶有意義的「地方」（place），或現象學意義上的「場所」（site），展示其存在位置及主體性。從島嶼往外跨足，由近海到遠洋，面向淺灘、海灣、海峽，或礁島、群島、半島，點與點的鏈接，帶我們跨入廣袤和不同的海陸區域、季風地帶。而回看島嶼方位，我們試著探問一種攸關存在、感知、生活的立足點和視點，一種從島嶼外延的追尋。

臺灣孤懸中國大陸南方海角一隅，北邊有琉球、日本，南方則是菲律賓群島。臺灣有漢人與漢文化的播遷、繼承與新創，然而同時作為南島文化圈的一環，臺灣可辨識存在過的南島語就有二十八種之多，在語言學和人類學家眼中，臺灣甚至是南島語族的原鄉。這說明自古早時期，臺灣島的外延意義，不始於大航海時代荷蘭和西班牙的短暫占領，以及明鄭時期接軌日本、中國和東南亞的海上貿易圈，而有更早南島語族的跨海遷徙。這是一種移動的世界觀，在模糊的疆界和邊域裡遷徙、游移。檢視歷史的縱深，自我觀照，探索外邊的文化與知識創造，形塑了值得我們重新省思的島嶼精神。

在南島語系裡，馬來—玻里尼西亞語族（Proto-Malayo-Polynesian）稱呼島嶼有一組相近的名稱。馬來語稱pulau，印尼爪哇的巽他族（Sundanese）稱pulo，菲律賓呂宋島使用的他加祿語（Tagalog）也稱pulo，菲律賓的伊洛卡諾語（Ilocano）則稱puro。這些詞彙都可以音譯為中文的「浮羅」一詞。換言之，浮羅人文，等同於島嶼人文，補上了一個南島視點。

以浮羅人文為書系命名，其實另有島鏈，或島線的涵義。在冷戰期間的島鏈（island chain）有其戰略意義，目的在於圍堵或防衛，封鎖社會主義政治和思潮的擴張。諸如屬於第一島鏈的臺灣，就在冷戰氛圍裡接受了美援文化。但從文化意義而言，島鏈作為一種跨海域的島嶼連結，也啟動了地緣知識、區域研究、地方風土的知識體系的建構。在這層意義上，浮羅人文的積極意義，正是從島嶼走向他方，展開知識的連結與播遷。

本書系強調知識的起點應具有海洋視角，從陸地往離岸的遠海，在海洋之間尋找支點，接連另一片陸地，重新扎根再遷徙，走出一個文化與文明世界。這類似早期南島文化的播遷，從島嶼出發，沿航路移動，文化循線交融與生根，視野超越陸地疆界，跨海和越境締造知識的新視野。

高嘉謙，國立臺灣大學中國文學系副教授，著有《遺民、疆界與現代性：漢詩的南方離散與抒情（一八九五—一九四五）》、《國族與歷史的隱喻：近現代武俠傳奇的精神史考察（一八九五—一九四九）》、《馬華文學批評大系：高嘉謙》等。

推薦序

# 華人社會的另一種認同

高嘉謙
國立臺灣大學中國文學系副教授

二〇二〇年一月中旬到新加坡出席學術活動，有機緣跟麥留芳教授見面，約定出版此書稿之際，並不知道新冠病毒的凶險在後。一年後的今天，病毒已在全球大蔓延，染疫人數臨近一億，死亡超過兩百萬人，數字近乎虛假的真實，像是電腦虛擬世界。眼前禍患未歇，人文學術出版仍在緩慢推進。經過幾番電郵討論，麥老師如期交稿，時報出版公司接力推動，這本《口袋裡的家國》可以適時跟讀者見面，也不妨看做危機時代裡，人文出版和書寫展現一種維持日常的堅韌意志。

我認識學者麥留芳的著作始於《方言群認同》，那是接觸華人史研究不會錯過的經典著作。此外，我也讀過文人麥留芳，早年以冷燕秋、劉放筆名於六〇年代出道於新馬文壇，曾出版詩集《鳥的戀情》、散文集《流放集》等文學作品。在麥老師的學術生涯裡，華人的認同議題是貫穿始終的研究主軸。從八〇年代開始的華人祕密會社、方言群研究，長期著眼新馬華人社會的階層、社群、廟宇等議題，多屬社會學研究和觀照。在系列著述內，華人認同的機制媒介與虛實變化，尤其對「虛擬認同」在華人生活史的關注和發揚，卻是他近年研究成果最受矚目的一部分。

此前分別於新馬兩地出版的《虛擬認同：早期馬來亞華人的愛國歌曲》（二〇一二）、《百年虛擬幫會》（二〇一七）兩部著作，探究從中國傳播至新馬華人社會的幫會、愛國歌曲的想像性根源和在地建構。前者強調中國各類愛國歌曲在二十世紀上半葉如何在新馬華人社會廣為傳唱，在原鄉情懷、祖國認同、政治立場等方方面面，深刻凝聚、動員並形塑了華人在動盪時局對文化或政治「中國」的嚮往和虛擬認同。後者則回看新馬百年華人會黨史，在其組織、儀式、傳說背後，對中國反清組織天地會的潛在模擬、仿照，甚至作者所言的「借殼上市」，為殖民地華人現實生活裡的公司、會館、武館披上祕密會社的外衣，構成早期契約華工，在職業、身分上的另一種虛擬認同。

眼前這本《口袋裡的家國》，其實不妨看做「虛擬認同」研究的家用進階版。此書焦點放在歌曲（或曲譜、歌詞）、郵票、錢幣，藉由日常小物件啟動大敘事，討論的不僅是愛國歌詞、孫中山郵票，甚至是錢幣裡的孫中山、袁世凱，如何在中國境內的流通和作為國族認同標誌的建構。書中視野同時擴及台灣和海外華人社會，關注其在形塑政治偶像、國家標誌的意義上，透過一套傳遞、流通機制衍生的家國認同，在不同歷史情境發生的意義和作用。換言之，華人傳唱和創作愛國歌曲，發行、使用和蒐集郵票、錢幣，無論在官方或民間，都難掩一種家國認同的演化和變異。而作者為我們展演的，則是各種機制、象徵物所啟動的「虛擬認同」，背後種種觸景生情、一廂情願、文化感召的模擬狀態和現象。

當國家認同標誌是常態的流動和變化，愛國主義的虛擬性尤其顯得尖銳，應合了作者指出早期新馬祕密會黨的「虛擬認同」，就如同經歷了真戲假做至假戲真做的演變階段。這讓我想起曾在某個公開場合聽小說家莫言說過的一則笑話：中國人很羨慕挪威人重視文學，因為挪威航空將易卜生的肖像印在尾翼，讓易卜生在空中飛來飛去。挪威人則說，日本人比我們更重視文學，他們把夏目漱石印在鈔票上，讓人摸來摸去。笑話讓人發噱，大概是調侃了文學認同標誌的崇高與低俗，及其情感認同的虛擬操作。如此看來，《口袋裡的家國》不也警示種種嘴上傳唱、手裡摸過的家國，存在的虛擬性？易時易地，可能也是一場枉然？所以作者在書中說的「吾鄉吾土」，看似老生常談，其實觸及了兩岸三地、散居各地華人的不同懷抱。當我們經歷著疫情時代的封城、鎖國、邊境管制，而偽出國、視訊會議、網課大行其道之際，出版《口袋裡的家國》，恰似標誌著家國虛擬認同的過去，以及另類虛擬認同的現在進行式，以及未來。

最後，本書是科技部「南向華語與文化傳釋」計畫的贊助出版項目，為臺灣締造南方人文知識的鏈結。可以出版麥留芳教授的著作，作為計畫主持人深感榮幸。感謝時報文化出版公司總編輯胡金倫、編輯張擎的支持，以及計畫專任助理劉雯慧小姐對編輯作業的種種協助。

# 自序

在一個偶然的機會，有緣有幸在星洲遇上臺大教授高嘉謙博士。他認為我所研究海外華人的各個課題裡，都在探討華人對其祖國的認同，尤其是虛擬認同。事後他建議我把南洋華僑的愛國歌曲、孫中山像郵票、孫中山像錢幣，拼合起來撰寫中國近代史時段的國族認同，自然的和虛擬的。

讀小學時我便喜歡音樂、歌唱。那時有位同班同學考唱〈滿江紅〉時，毫無音調地把全詞讀出。心想，唱歌有那麼難嗎？二十多年後，有位研究唱歌自娛的日本女教授問我，為什麼新加坡人不太自唱自娛輕鬆一下。這一問使我回到童年時排隊等沖涼房的情景。那時代的人連在洗澡時都唱歌的，常唱走音的便被稱為「沖涼房歌王」。

在中學時我已樂於剪出貼在信封的郵票來收藏，目的是與朋友或筆友互相交換。我對孫像郵票產生興趣是在第五次退休後，在新加坡華裔館擔任訪問研究員之時。該時所從事的研究課題是愛國歌曲與虛擬國家認同。為把該概念延伸到國民政府的中國，我遂進行探索載有孫中山像的郵票。本以為研究郵票應是駕輕就熟。令我驚訝萬分的卻是，孫像郵票的品種既複雜又蕪亂如森林：一枚郵票可被加蓋改值兩、三次，且又限制區域貼用。更震驚的是鉛印「限臺灣貼用」的孫像郵票的面額，它竟高達伍佰萬圓。但真正吸引我進入這座郵票森林的卻是：郵票市場，拍賣的和網售的，都具有社會認同的意識嗎？如汪政府加蓋過的孫像郵票，為何市價都很低？送英倫錯印雙圈的國民黨黨／國徽，該枚郵票的市場價值怎會遠低於原裝單圈的？因為收藏品是物以稀為貴，那郵票豈不是存在政治認同？

但完成這研究之後，卻感到孫像作為一個國族的象徵，促使其廣泛流通的，應還得有庶民也可垂手可得的其他機制，而貨幣應滿足這個條件。在貨幣方面，袁（世凱）大頭銀圓是拍賣行的寵兒，故臆造品多如牛毛。繼之而發行的孫像銀幣也不能倖免。但作為法定貨幣，它們的發行及流通算是中規中矩的。紙幣就大異其趣了。發行孫像紙幣的機構無所不在，圖案五花八門，如新疆銀行便發行過面值陸拾億圓的孫像紙幣，其值尚還買不到一碗米飯。作為一國家認同的孫像，給予這巨大無比的面值，會否遭受到負面的影響？

其實遠在明代，錢幣已曾被用來當作國族認同的標誌。明朝國姓爺鄭成功於一六六一年收復臺灣後，曾在臺灣發行過象徵明朝的「永曆通寶」銅板。他逝世後或明朝亡國後，通寶還在清代的臺灣流通了三十多年，國族認同的意義深長：為反清復明鄭氏也創立了天地會。這讓人聯想到該時代的南洋華人的祕密結社：虛擬國族認同是否也在冥冥中運作。具有異曲同工之妙的，卻也是一個絕好的現代例子，就是那觸及兩岸三地神經的「神州詩社」的成立和運作。

國族認同包含了自然的認同、虛擬的認同，以及子虛烏有的認同。其中似乎也有認同重疊、變更或過渡性的變異。當二〇二〇年新型冠狀病毒大肆流行時，不禁教人懷念早年中國東北鼠疫鬥士伍連德。他的國族認同的變換，應是一個典型的認同轉移的例子。當代在馬來亞的林文慶、梁宇皋、李孝式等，也是雙重認同，其虛擬成分，值得進一步研究。

當出版社確定要出版這草稿時，書名得正名。多方討論後，決定採用了以下八個建議的第一個。這些書名在圍繞著凸顯本書內容的詞彙，如吾鄉吾土、家國、可裝進口袋的景，以及觸景生情的機制如歌譜等。細讀這八個書名後，讀者幾已掌握整書的論述。

1. 口袋裡的家國：歌曲、郵票、錢幣中的國族認同
2. 口袋裡的家國：歌譜、郵票、錢幣中的華人國族認同
3. 家國在口袋：歌譜、郵票、錢幣

4. 吾鄉吾土：在歌曲，在郵票，在錢幣
5. 吾鄉吾土：在歌曲、郵票、錢幣
6. 口袋裡的景：情生歌譜、郵票、錢幣
7. 情可以堪：口袋裡的吾鄉吾土
8. 國族認同：口袋裡的歌譜、郵票、錢幣

最後，作者擬感謝新加坡晚晴園時任館長陳丁輝博士所提供有關的資料；新加坡華裔館張瑋纓小姐和林文福博士的協助處理資料。一併也感謝歌曲收藏學者：新加坡程錦菊女士，王振春先生，馬來西亞潘婉明博士，香港中文大學余少華教授，以及該大學圖書館邱淑如博士。在修訂鄉土概念方面亦曾向劉漢堯（劉諦）諸多請益。

如上述，把歌曲、郵票、錢幣這三種認同機制作統合討論的建議，是高嘉謙教授提出來的；為本書撰寫序文，非他莫屬。另亦非常感激他給本書各圖表裡的郵票、錢幣，重新給予高清的掃描。

# 口袋裡的家國

## 歌曲、郵票
## 錢幣中的國族認同

# 導言

在中國近代史裡，一個尚孕育著臍帶文化的華人，他可透過某些機制去觸動象徵該地的標誌，而進入他視為吾鄉吾土的陌生土地。若他因此認同這片土地，那便是一種虛擬認同；原則上這是自願的。如為隱藏事實或顛倒是非，認同機制卻也可以被操作的。據此而衍生的是另一類的虛擬認同；那是無意識的。設若事實與其象徵／標誌是自然地發展到漸行漸遠，至藕斷絲連的狀態的，那又是另一類的虛擬認同；或稱之過渡性虛擬認同。本書的主體是三大類的虛擬認同機制：歌曲、郵票、錢幣。其他類別如南洋的方言群結社、武俠小說和電影等，將在〈討論〉的章節裡處理。在神州內的過渡性虛擬認同，僅止於推論階段；也許華人在馬來亞的認同轉換模式，可供參考。[1]

橫貫上述三類虛擬認同的關鍵概念有二：處境的標誌、啟動標誌的機制。一個國體或鄉土，一般上多會以某些物件如旗幟、徽章、鳥獸、景象、人物等，作為象徵或標誌。本書的處境標誌將選用山河景象，如長城、黃河、揚子江、嘉陵江、少林寺、武當山等。此類景象多出現於愛國歌曲和武俠小說裡。人物則以孫中山肖像為主。他是辛亥革命中具有魅力的領袖之一，且也在往生後被尊為國父。它們所象徵的處境範圍涵蓋了國土的大江南北，從國到家。

此類標誌須配合給予啟動、或被觸動的機制，始能發揮作用。常言的「觸景生情」的機遇可詮釋自然的吾土認同。若要進入虛擬的境況，就得借用機制來啟動、觸動。顯然的，為啟動認同標誌而進入虛擬狀況的機制應該很多，但此處所選取的機制有三類，分別為一般的音樂歌曲、一般的郵票、一般的錢幣，因為它們都具有高度的普遍性、傳遞流通量、持續性的功能。具有翅膀的歌聲是一類型；傳遞萬金家書的郵票和加蓋過的郵票是另一類；藕斷絲連的錢幣流通又是另一類。

更具體地說，歌曲乃泛指海外華僑所選唱的曲目；郵票僅限於特定且在國內流通的一類；錢幣則選取其法定地位由國內延續到岸外的通貨。它們的共同特點有三。第一為普遍性，如音樂般海闊天空，能飛入尋常百姓家。第二是流通量，第三是持續性。在民國時代，某些載印名人肖像的郵票，和刻印有他們肖像的貨幣，其在發行方面都具有高度的流通量和持續性：那是一種源遠流長，近乎無遠弗屆的特質。

除了本書所選定的三類能啟動國家認同的機制之外，在〈討論〉的章節裡，我們將

---

1 本書是三個研究篇章的結合體：愛國歌曲、孫像郵票，和孫像錢幣。第一篇章的歌曲研究已於二〇一二年出版成書，由當時附屬於南洋大學的華裔館出版。之前，作者曾以摘要方式和散文手筆撰寫了兩篇文章（〈後庭花與紅歌〉和〈早期星馬文藝與歌唱〉），分別發表於大馬的《東方日報》（二〇一一．十二．二十七）和《星洲日報》（二〇一〇．一一．二十一）。報章文字既屬簡介性，其與原著應會有多少重複之處。

有關郵票方面，其中有三篇：〈集郵的甘苦〉、〈有趣和沒趣的郵票〉、〈孫像郵票與虛擬認同的建構〉，曾刊載於大馬的《南洋商報》與《東方日報》，多處引述自個人的學術研究報告《孫像郵票與認同建構》。

進一步介紹他類的啟動機制如天地會、方言群結社、武俠小說等。

南洋的華僑學校和方言社團都普遍設有音樂課程、音樂社、合唱團；而其民謠和愛國歌曲都是由國內作曲家和合唱團提供給海外的。這類教育和文娛活動應是觸動認同標誌的有效機制。不過，愛國歌曲在民國初期的南洋似乎還沒出現過。

觸動的機制是可以被操弄的，這特別是指日軍侵華時段在孫像郵票上的加蓋；民國軍閥時代給孫像郵票的加蓋，可說是異曲同工，不謀而合。國民政府遷臺後，孫像錢幣的發行，在藕斷絲連的狀況下也流通了兩代。之後，過去的國族認同，尤其是在「外省人」和有關聯的社群的心中，便進入了「毋忘在莒」的虛擬狀態；這應可視為一種無操弄而自然發展的趨向。

虛擬認同在中國近代史上，兼之在華僑研究的領域裡，有關國族認同方面，不少歷史學家都曾做過嘔心瀝血的探索；竊以為若能採用一些似乎不相干的資料來補充嚴謹的史料文獻，應可提供另一面向的認知。比如說，虛擬認同這個概念在其尚未被廣泛採用之前，國家認同僅局限於真實和虛假的兩種，且彼此對立。此外，無法虛擬的處境或人物，他們的文化臍帶應是很值得加以探討的。這特別指已落地生根的華裔如南洋的峇峇族群。

在個人層次上，無法虛擬一個處境的，史載例子應不少，如蘇武、班超和王昭君等的出使他國的境遇：戈壁風沙，不見天日。比較接近虛擬這概念的具體例子，是蘇東坡的〈定風波〉一詞裡所提到的柔奴（寓娘）的感受。蘇東坡的好友被貶到嶺南，後者之歌妓柔奴陪伴他直到再回京城。行前蘇氏對她說她要去的地方應該不會好的，暗喻那時的嶺南到處是蠻夷、瘴氣。這可能是他憑空捏造志在勸阻柔奴。柔奴返家後蘇氏又問她嶺南怎樣？她卻回答曰：「此心安處，便是吾鄉。」

此處有兩點值得我們進一步探索。蘇東坡之前的一席話，且還是負面的，可能就已觸發她找尋資料如地圖和方志，去虛擬那嶺南的小鎮。那個小鎮，是一個她從來沒去過的地方。但她的回覆點出了「吾鄉吾土」的另種意涵：虛擬干卿底事？

柔奴的經驗是個人而不是當代的一般的社會心理。假如那是發生在一千年後的民國年代，嶺南當地的民謠、郵票，和錢幣應可助她進入那嶺南小鎮。無緣乘上現代流動性的機制到那小鎮的，又豈止柔奴一人？峇峇族群也是。

簡言之，隨著歌曲傳送到華僑社會的是愛國歌詞；隨著郵票的是載有孫（中山）肖像的郵票；隨著錢幣傳遞流通的是刻有孫像的錢幣。依賴機制傳送的認同標誌所衍生的認同，便是虛擬的認同。這些傳送認同標誌的機制，是建構於不盡相同的歷史脈絡和時段裡，本書僅聚焦於三個歷史面向：(1)南洋華僑對祖國的認同標誌和啟動虛擬認同的機制；(2)日軍加蓋神州認同標誌的方式；(3)從民國到兩岸三地的虛擬、真實認同的更替和延續。最後的一個面向，將在〈討論〉章節內，引述馬來亞四個例子來補充以及拓寬視野。

## 虛擬認同的定義

有關南洋華僑對祖國認同的史料，百多年來亦可謂車載斗量。兩部至今仍具有重大意義的研究是崔貴強的《新馬華人國家認同的轉向（一九四五—一九五九）》和林孝勝的《新華研究：幫權、人物、口述歷史》。崔著刻畫出國民政府與人民政府替換前後，該時的馬來亞華人對祖國的歸屬感。林著則以口述歷史的方法，到滇緬邊界訪問日侵期間由馬來亞歸國的南僑機工團，並口錄了他們回國共赴國難的經驗和感想。機工團員和祖國當地人民間時有的爭執，意外地披露出南橋機工們的一廂情願的國家認同。僅透過虛擬的國族認同，國難也可會感同身受？

國族認同便是上述各類著作的共同概念。但南洋華僑的國族認同既有真實的，也有虛擬的。辛亥革命前的廣州（黃花崗）起義一役中，約三十名南洋華僑共赴國難、為國捐軀；其中好幾名是在怡保長大和謀生，未曾踏入過也不知吾鄉吾土在哪裡的人。不過，對自己國家的歸屬感，卻不全是衍生於生於斯長於斯的實地生活經驗的；具有臍帶文化關係的一群人，其認同也可透過虛擬程序而產生的。

更接近現代的例子乃有黃錦樹（二〇一二）對神州詩社同仁的描述。詩社主持人原自馬來西亞美羅，因受到當時臺灣好些名詩人作品對神州的描繪的感召，時又值臺灣推行中華文化復興運動，乃感染了文化鄉愁，於七〇年代毅然赴臺就讀。不料在鄉觸發的文化虛擬認同，與該時臺灣的高度西化，尤其是美國的影藝、飲食文化大行其道，格格不入。失望之餘，仍萌生與同道自組神州詩社的念頭，活動地區仿照舊日書香與武林子弟的起居方式。這種種的仿古的抒發，不幸地卻被視為隔海唱和而入罪。會員們皆失望地離開了中華文化復興之地。之後乃寄寓武俠小說，以充實其虛擬的文化認同。由虛擬獲得寄望，而真實卻帶來失望，機工與詩人，感受似乎一般高、一般大。

「虛擬」這個概念應是在電腦形象科技發達之後，才逐漸流行的；故上述著作都未能引用之。這種進入處境的安排，近似「模擬」的概念，正是本書所擬切入的，它別於曾身處其境，或土生土長的人的國家認同。

虛擬處境其實在電腦尚未發明之前，已是一種類比學習方式，尤其是在操作巨型流動器具方面，如乘坐太空艙登陸月球。比較普通的是駕駛汽車的模擬訓練。學員在未正式允許把車輛開上公路之前，可在室內螢幕進行模擬開車。這種處境，是典型的虛擬處境。更先進的模擬，或更接近虛擬認同概念的是把宋朝〈清明上河圖〉數位化，使到畫中的人物可以走動。更有把中國的名勝古蹟呈現在室內，只須彈指便可周遊各處。

以本質而言，所有的社會認同亦可分成真實、虛假與擬制三大類。社會認同是社群裡一種無可避免的歸屬或分類感受，國家、族群的認同乃是兩大普遍例子。但這種感受卻不是隨時隨地，或無緣無故被抒發的：觸景生情是一個可能性。認同對象的標誌或標識，便是這個景。

## 國家認同的標誌

國家認同，時又可稱為國族認同，那是個人對自己民族、國家的一種歸屬感。幾乎所有的國家或族群，都擁有本身的認同標誌。標誌多被用來表述一事物的特徵，靜態的有圖案、圖騰、肖像等；動態的有語言、影像等。兩者可說都是用來表達意義和感情的直觀語文，所謂一目了然。有關動態的語言作為一種認同的標誌，較早時拙作《方言群認同》已有所著墨。簡略而言，在英屬殖民時代的馬來亞，當地的華僑多以所操的方言彼此分類，各自推動以籍貫為經，以方言為緯的各類文化傳承的活動。也正是這類活動把臍帶文化延續下去。也因此，所虛擬出來的處境，自然深深地局限於方言副文化。

國家認同的先決條件是與臍帶文化的關聯。之後所依賴翻閱地圖、熟讀歷史、選穿傳統服飾、父執輩的口述等的機制把蘇燕婷（二〇一三：三二九－三三三）帶入了梅縣，從而衍生出對梅縣的認同；那是一種虛擬的認同。擬進入虛擬的處境，也不是毫無條件的。正如她在〈虛擬梅縣〉一文中所指出：「虛擬梅縣？恐怕是行不通的……我已經是第三代了，隔了萬重山的鄉情，已經像層層剝落的洋蔥……對『故鄉』陌生之餘，我又想靠近它、了解它……」她的個人感受，有異於前述柔奴的此心安處；前者是一種具有集體代表性的心理。她不是正要步出虛擬，而逐漸進入柔奴的隨遇而安的格局嗎？那也可以是第三代的國族認同。

這第三代的歸屬困境並不僅指客家人，或梅縣一地，其他的方言群和籍貫亦然。鄉情如洋蔥，兩層剝落後所剩下的是光鮮一面，在毫無幾分家族集體記憶，或臍帶文化世代傳承的運作下，不要說虛擬國土，僅虛擬一個縣分也會令人感到有心無力的。當家鄉原汁原味的梅菜扣肉也不符合南洋口味時，虛擬梅縣該是難上加難：認同的標誌猶如已過萬重山的輕舟。

作為一個國家的標誌，本書尚未能採用梅菜扣肉，而僅採用飛躍音符中的愛國歌曲，能流通無阻但印有孫像的郵票，和垂手可得的那刻上孫像的市場貨幣。它們的流動雖並不永恆，卻可算長期持續。

中國歷代至清朝，似乎都以抽象的龍為標誌，為圖騰，千百年不變。只有皇帝才是天子，天子上朝所坐的是為龍座。龍的傳人的認同，已深入人心。在帝制之後的共和體制，能觸發人民對國家認同的標誌，已不是在天的飛龍；卻是人人皆可掌握，也可天天接觸到的事物。只可惜在中國近代史裡，掌權者去留或政體嬗遞相當頻繁，認同難以持續；之前被認同的標誌也有尾隨的，但其人民卻未必能同步轉換歸屬感頻道。

這種差異，給慢步者帶來的多是虛擬的認同。這種狀況應是虛擬認同的一種。這種狀況在中國近代史上，共出現過至少五次或五類如下：

近代史中首次出現的虛擬國家認同，是在清帝遜位之後。共和或國民政府在前清郵票上加蓋「臨時中立」、「中華民國」字樣。雖然龍已飛去，由於孫像郵票尚未發行，遺民所認同者應尚是清帝。清帝（龍）、共和（嘉禾／梅花）、復辟（龍鳳）、北洋（龍鳳）、民國（孫像）的認同縱有對立，也短不可言。共和國第一套郵票乃帆船組票，三款都無人像。

第二次的出現，則可從日軍侵華時在孫像郵票上的加蓋窺見一斑。不過在這之前，從一九二七到一九三一年國民政府的容共棄共，以及多次的遷都，到重慶、武昌（武漢）、南京、成都、廣州等，民間應不會出現虛擬認同的心態。

第三次是指共產黨延安長征年代到新中國成立時，解放軍所持的國家認同。相較於之前的認同更換頻繁，這次是認同對立比較長久的。若以內戰過後的勝敗為準繩，曰該時人心已認同共產黨，應可存一說。

第四次的焦點是國內抗日時段的南洋移民，尤其是喜唱愛國歌曲和民謠的僑社。之前或之後所發展的三個階段，即一八四三年實施五口通商、國共合作年代、二戰結束後到國府遷臺，南洋華僑所認同的祖國實體應沒多大改變。

第五次是指國民政府遷都臺北的時段，該時寄居在臺灣本島和其外島金門、馬祖、大陳、澎湖等的外省人，尤指他們的後代。臺灣於一九四五年光復，但加蓋有「限臺灣通用」字句的孫像錢幣已在臺灣流通，一直到國府遷都臺北。孫像錢幣在臺灣卻持續發行了五十多年。當時本地居民與外省人的後代，在國家認同方面應類似南洋華僑的經驗：當標誌的實體改變了，而認同仍留戀於既往。由於國民政府在一九五五年放棄了大陳島，該地孫像錢幣的流通僅兩年多，其給予居民的認同層次則有待研究。

不少南洋華僑的子孫對祖國的認同是虛擬的，因他們的歸屬感是透過會館、僑校、合唱團對神州山河的虛擬描繪而衍生的。這是認同標誌的第一類功用。在日本侵華時段，日軍為收買或穩定當地民心，沿用仍流通著的孫像郵票之餘，在郵票上加蓋已被占領的區域名稱，而不用「占領」或「淪陷」的字眼。日軍的用意是，孫中山於一九二五年逝世後仍是中國人民，以及各軍閥極為尊重的英雄，不必急著發行另種改朝換代的郵票。國內據地為王的一般做法是，在原有的孫像郵票上加蓋限制省分貼用的字句。

另有孫像、義士郵票被日軍加蓋「慶祝新嘉坡陷落」的字句。這是很巧妙地在警告中國國內人民：新加坡華僑已被皇軍控制著，不必期望那兒的華僑會匯錢回國援助。日軍命令華僑協會繳交巨額奉納金算是一個旁證。若只作地名來加蓋「新嘉坡」，一如日軍在中國國內所操弄的，海外華僑還得費猜疑。這是認同標誌第二類的功用。

另一方面，從錢幣，尤其是法幣的流通持久性，則可窺見民心認同的方向。北洋政府與國民政府的法幣的交替，似已可窺見後者更源遠流長。在共和、臨時政府（一九一二—一九一三）到北洋政府（一九一三—一九二八）的時段，國家認同的標誌在短期內仍沿用清代郵票，但給予加蓋「中華民國」、「臨時中立」字句，或兩句以十字形式同蓋。在法幣方面，該時似應已廢棄了清代的銀銅通寶，而以袁大頭取代之。但後者是由袁世凱和北洋統領下，在民國三年才發行的合法銀幣。時差三年，通寶應仍是法幣。這也只是短期的欲罷不能。

有謂袁大頭銀幣的流通數量及時間要比孫像硬幣來得遠大，這是很可能的事；因後者的數個銀幣正要發行時，卻遭遇到國際金融風暴而幾乎全部被收歸國有。不過，若袁大頭的數枚紀念性金幣和民國九年的非流通性的銀幣不算在內，而民國十年的銀幣是最後發行的一批，則袁大頭的真正法幣的流量，該有所調整。

反過來，孫像銀幣雖比袁大頭不足，但孫像的紙幣卻在他往生後一直多處、多量，和多年在流通著。此外，配合孫像郵票的同時流通，孫氏作為國家認同標誌的優勢，可說銳不可當。孫像錢幣在國民政府的臺灣於二〇一六年所引起的反面效應，提供了另一個錢幣與國族認同的實例。因此進一步落實了「虛擬認同」這個概念。

斯時，除紀念幣外，孫像法幣尚未流通，而且也不見有孫像郵票的正式發行，故該時段的認同標誌是模糊的。孫像紙幣不但在民國時的大陸已被定為法幣，或國幣，且還持續了許多年。期間也還有好多種公家或私人金融公司的錢幣在市面流通，但能夠持續流通至遷臺後的六十多年的，唯有孫像紙幣。也因此，法幣的持久流通提供了標誌的第三類功用。

簡略結語：清代以大龍、小龍、蟠龍郵票來標示國體，故有「看龍行，看天下」的構想，以至於在南洋的洪門會員亦曾以「龍飛」為紀元。在共和、北洋和民國時代，應看的是附有孫像的郵票和錢幣。民國時代的郵政，猶如一座荊棘縱橫的森林；雖曰中山仍在此山中，卻還是雲深不知處。在兩岸猿聲啼不住時，孫像錢幣已有如輕舟，渡過了千山抵達淡水，之後生息幾達一甲子。

本書所涵蓋的年代略述如下：有關愛國歌曲的乃專指日侵的一九三一／一九三七至一九四五年；孫像郵票方面則由一九三一年的第一枚至一九四九年國民政府遷都臺灣為止；孫像錢幣流通年代約從一九二六年到如今二〇二一年。那些年代，中國國內擬獨攬天下大權的英雄此起彼落，要草擬人民對每位山大王的國家認同，實非易事。欲知當今天下執牛耳者，或得聽聽曹孟德給劉備說的「惟使君與操耳」。所說之虛實但看拜把兄弟關雲長和張飛能否及時趕到。

第一篇

# 歌曲

## 依附飛揚的翅膀

## 乘歌聲翅膀漂洋過海

西洋歌曲〈乘著歌聲的翅膀〉（*On the Wings of Song*），描繪歌聲長有翅膀，歌者乘上翅膀，其歌聲便會漂洋過海。在李香蘭唱紅的〈海燕〉，歌者自喻英勇的海燕，縱處暴風雨中，仍然「我歌唱我飛翔，在雲中在海上」。當你在歌唱時，已浸淫在歌詞和旋律的意境之中，若可借乘歌聲的翅膀，或羽化為海燕，當也能漂洋過海，送你到日夜思念的地方去：那你便進入一個虛擬的境界。這個日夜思念的地方，卻有別於印尼民謠〈船歌〉或〈A Sing Sing So〉所提及的那個曾誓盟的「老地方」，而是個你從沒去過的地方。

歌曲的內容是可撩人的，有幽怨哀傷的，亦有壯懷激烈的。在功能上歌曲可以觸動有鄉可思的國家認同，以及從歌中衍生出來的認同。南洋華僑也曾借乘過歌聲的，或海燕的翅膀，飛翔到一個他們日夜思念的地方：遙遠的祖國。

在背誦詩詞歲月中成長的這一代，詩詞也透過樂譜牢牢地烙印在我們心上。回望一下，仍記得的便有：〈滿江紅〉、〈木蘭辭〉、〈玉門出塞〉、〈渭城曲〉、〈秋聲〉、〈花非花〉等。我輩中的牧農山歌族，如沒樂譜載錄的，山地即興、應辰的民謠就永藏名山。因為有譜，我們還聽到〈小河淌水〉、〈蒙古小夜曲〉、〈阿拉木汗〉、〈杜鵑花〉、〈在那遙遠的地方〉等民謠山歌。

先有歌詞或曲調，我們知多少？很自然的，欲寓唐詩宋詞於歌樂，所需的是曲調。山歌民謠僅掛在口頭，譜之使之流傳。當然也有先把心聲譜上曲調，之後賦予新詞的。詞曲次序，應無關於其日後流行的幅度。歌詞再深奧，也還有個音調扶持。要是音調深奧，如音階太高，該曲的流傳幅度可能不廣。若採用五線譜和簡譜來比對音調的深奧，恐是見仁見智。見仁者多會認為簡譜較為社會底層所接受。

竊以為若僅為推廣歌曲的大眾化，簡譜應更奏效。那時代的愛國歌曲，僅是無產階級，或拋頭顱灑熱血者所熱愛的各類歌謠，多以簡譜為主。接下來的寥寥數語，可讓我們更了解簡譜與愛國歌曲在南洋的流行面向。況且，流行的歌曲除了當時電影的插曲外，如《夜半歌聲》，南洋的民間合唱團多採用簡譜。其伴奏大概繁簡都有，而發出的聲調卻都一樣。

## 繁譜與簡譜

簡譜雖是由西方轉入東方，它該時在歐美卻不流行。直到一九六五年好萊塢電影《仙樂飄飄處處聞》（*The Sound of Music*，臺譯：《真善美》）上演時，許多音樂愛好者才恍然大悟，原來西方也有用簡譜譜歌的。這無疑地加強了一般人學習簡譜的信心。略述之如下。該電影有幾首膾炙人口的插曲，其中〈Do-Re-Mi〉是女主角安德魯絲在郊外教導一群逃難的小女孩所唱的歌。

早年的上海和香港的電影發展，接著是這部好萊塢電影的推動，許多很動聽的亞洲歌謠，如〈友誼萬歲〉、〈小白船〉、〈異鄉寒夜曲〉、〈哎喲媽媽〉和〈梭羅河畔〉，得以記錄起來，繁簡譜都有。得以流傳至森林和原野，得以飄入尋常百姓家的，應是簡譜。

在一九五〇年代的小學音樂教學，用的歌譜是簡譜；間中也鼓勵學五線譜。簡譜源於西洋，於一九〇四年輾轉由歐洲經日本傳入中國，其在三〇至四〇年代的上海和香港，便造就了不少的作曲家、歌星等。除了那七個配音的阿拉伯數字的易寫易記外，香港和上海製作的電影，其南進之勢更銳不可當，霎時風靡了整個南洋的歌樂界，因電影夾帶著許多小市民能琅琅上口的插曲。作曲家多依賴鋼琴譜曲，但唱片公司附送的插曲多以簡譜為主。文藝片中的周璇、白光的電影插曲，便如仙樂處處可聞。〈前程萬里〉和〈月兒彎彎照九州〉也是有口皆碑的文藝流行曲。

在抗日、反殖民、反共產和新中國創立的時段裡，把大量文藝歌曲和愛國歌曲傳播到南洋一帶的，尤其是英屬馬來亞，是中國的合唱團。最早南來的大概是上海的「明月歌舞團」和「梅花歌舞團」，他們分別在一九二八和一九二九年來到馬來亞表演。後來於一九三八至一九四〇年的十五個月內，到馬來亞各大小市鎮巡迴演唱愛國歌曲的，是擁有二十八名團員的「武漢合唱團」。

之後，馬來亞各地僑校及歌臺便開始傳唱不同定義的愛國歌曲。因為政治因素，又出現了所謂的禁歌。其中，五〇年代的〈在森林和原野〉、〈把生命交給歌唱〉和六〇年代的〈東方紅〉、〈大海航行靠舵手〉等便屬禁歌。拙作《虛擬認同：早期馬來亞華人的愛國歌曲》對愛國類的歌曲已有所交代，此處特略去。僅須一提的是，絕大部分的這些歌曲都是以簡譜為主，那首在一九三九年創作於新加坡，由潘國渠填詞、夏之秋作曲的〈賣花詞〉，或屬例外。

在以簡譜推廣歌樂方面，於一九五〇年代設在香港的「邵光音樂學院」，也培訓了不少作曲家及聲樂家。影響所及，乃見校內校外的合唱團相繼興起，有左派的和右派的。吉隆坡的人鏡話劇社、新加坡李豪合唱團、檳城許氏所主持的合唱團、怡保三德中學校友會合唱團、怡保的韻清合唱團、遍布全馬的學生週報社或學友會屬下的音樂組與合唱團，便是在那時候設立的。至少在二〇一九年怡保的韻清合唱團，和南馬峇株巴轄的華仁中學校友會合唱團，還在招收團員。

在早期的馬來亞城鎮，商業娛樂場所所設立的歌臺，或鄉鎮的流動歌臺，每晚都在播唱流行與藝術或愛國歌曲。怡保的銀禧園、新加坡的大世界和新世界，便是此類大眾化的娛樂場所（王振春，二〇〇六）。

## 流傳和收藏的資料

中國愛國歌曲知多少？六十歲以上的人知道的比較多。我本人收藏和購置的曲本中，應也有好幾百首。人民共和國慶祝建立一甲子時，北京、上海、廣州、中山和珠海等地的書局，以愛國歌曲為名而編撰的曲本、光碟便充斥市場，多得不勝枚舉。歌曲曲目少說也上千，民謠如〈阿拉木汗〉、〈草原情歌〉和〈大板城的姑娘〉等等，都還沒計算在內。當然，在一九三一到一九四五年的抗日期間，也有好幾十首。不是所有的愛國歌曲都輸入了南洋，但大概有四十多首是在一九三九年間，經由上述兩個陣容浩大的合唱團傳流下來的。在這浩瀚的曲目裡，四〇年代出生的馬來亞華人會知道曾唱過哪些愛國歌曲；家喻戶曉的約有二十多首。馬來亞抗日、反殖民的本地創作，卻也有一百多首。

還處於收音機獨霸天下的當兒，自稱聽歌已有三十年歷史的歌樂史學者王振春（一九九九），對當時上海灘的歌星與作曲家的活動便如數家珍，多是第一手的資料。新加坡程錦菊女士也收藏著不少一九四〇到一九六〇年代在星馬流行的抗戰歌曲、中國民謠、電影插曲，有手抄的、蠟紙印的及鉛印的。劉雪庵的創作如〈長城謠〉、〈何日君再來〉等，和其他的戰歌，也分別錄製在光碟中，誠屬珍貴。這類歷史，這段歷史，豈可任意被意識形態滅音割席。

個人是繁簡譜歌曲兼搜，此舉雖不塑造所持觀點，卻可反映一個時代、一個地域的歌樂活動境況。個人收藏也晚，倒也搜集了百多首此類歌曲，以及一些手抄本和油印本。前者如〈夜曲〉、〈柳絮曲〉和多篇其他的歌曲甚至有抄完日期。

## 唱出來的境界

在三類的認同標誌裡，有例子證明其最具有說服力的，應是愛國歌曲。其所衍生的虛擬境界不但在中國國內曾運作過，其在海外華僑社區尤其明顯。況且，相較之下，郵票和錢幣給華僑帶來的虛擬境界幾乎微乎其微：當時的郵票和錢幣極少漂洋過海到南洋，最遠的也僅到臺灣海峽。

在收集到的許多愛國歌曲裡，有國民黨的抗日歌，也有共產黨長征時的解放軍歌，也有不少懷念故國山河的懷念曲。在海外的華僑，有多少人能分辨所唱的，或所認同的國家屬哪一類？試看所選《黃河大合唱》的三首歌，似乎各有所本：一是抗日的，一首是借用金兵為套詞的，另一是要到太行山去打游擊的。

若把二戰結束後的馬來亞共產黨的反殖民反英的歌曲也包含進去，南洋華僑的國家認同就更複雜了，因為他們還唱反英反殖民的歌曲。換言之，到底他們是親身經歷苦難，或是透過歌唱而返國從軍殺敵的，就不容易辨別了。為進一步了解當時馬來亞華人的國家認同，本書將在〈討論〉一章提出四位社會名流加以探討。

接下來所節錄出來的愛國歌曲關鍵字，多蘊含著令人高度振奮、憧憬、激昂，和沮喪的感受。茲依脈絡而取其義如下：戰亂、流浪、回家鄉、苦命娘、殺敵、救國軍、亡國奴、長白山、黑龍江、松花江、嘉陵江、廣州、長城、黃河、太行山、江西、山西、東北、華北等。這些詞彙和概念可幫我們了解其為華僑所帶來的認同，是虛擬到什麼程度。

開始的一首，表明了對南洋已產生感情的個人返鄉時依依不捨的情懷，那明顯是真實的國家認同。隨後的歌曲，則似乎都是國內的作曲家，而不是南洋華僑所撰寫的。本章的焦點不在於作曲者是身處國內或南洋，而是所創作的歌詞能否催化南洋華僑的虛擬認同。

〈告別南洋〉

再會吧南洋
你是我們的第二故鄉
我們民族的血汗
灑遍了這幾百個荒涼的島嶼
在帝國主義的剝削下

你不見屍橫著長白山
血流著黑龍江
這是中華民族的存亡
再會吧南洋

〈長城謠〉

萬里長城萬里長
長城外面是故鄉，高粱肥大豆香
自從大難平地起，姦淫擄掠苦難當
苦難當奔他方，日夜只想回家鄉
大家拚命打回去，哪怕倭奴逞豪強
四萬萬同胞心一樣

〈思鄉曲〉

黑夜裡炮聲高漲
獨自逃出了敵人手，東西流浪

故鄉遠隔重洋，旦夕不能相忘
那兒有我高齡的苦命娘，盼望著遊子返鄉

〈歌八百壯士〉
中國不會亡，你看那民族英雄謝團長
你看那八百壯士孤軍奮守東戰場，寧願死，不投降
我們的國旗在重圍中飄蕩

〈杯酒高歌〉
舉杯高歌救國軍，灑熱血抗敵人
又高歌對我同胞們，莫忘記敵寇深
又高歌對我同胞們，齊加入救國軍
不怕敵人炮火兇猛，看我們用血肉築長城

〈嘉陵江上〉
那一天敵人打到了我的村莊

我便失去了我的田舍、家人，和牛羊
如今我徘徊在嘉陵江上
我彷彿聞到故鄉泥土的芳香
江水每夜嗚咽地流過，彷彿流在我的心上
我必須回去，從敵人的槍彈下回去

〈松花江上〉
我的家在東北松花江上
那裡有漫山遍野的大豆高粱
有我的同胞，還有那衰老的爹娘
九一八，從那個悲慘的時候
脫離了我的家鄉，那年那月才能夠回到我的故鄉

〈中華兒女〉
我們是中華兒女
我們是皇帝子孫

敵人的暴行只增加我們的仇恨
敵人的炮火毀不了我們的決心

〈我家在廣州〉

我已沒有家了，我家在廣州
我記起了，我記起了
廣州在沉淪，可是廣州也在戰鬥

〈中國父母心〉

中國父母心，皆願兒女上前方
為國去爭光
不打勝仗回家鄉，無臉見爹娘
為國家為民族，誓將暴敵齊掃蕩

〈保家鄉〉

同胞們，細聽我來講，

我們的東鄰舍，有一個小東洋
幾十年來練兵馬，東亞稱霸強
一心要把中國亡

〈畢業歌〉

同學們，大家起來
擔負起天下興亡的責任
一年年國土的淪喪
我們是選擇戰還是降
我們今天是弦歌在一堂
明天要掀起民族自救的巨浪

〈河邊對口唱〉

張老三，我問你，你的家鄉在哪裡
在山西，過河還有三百里
王老七，在東北，家鄉八年無消息

我和你都是有家不能回，黃河邊定主意
為國家，當兵去
太行山上打游擊

〈保衛黃河〉
風在吼，馬在叫，黃河在咆哮
萬山叢中抗日英雄真不少
保衛黃河，保衛華北，保衛全中國

〈黃河之戀〉
金兵來了，可奈何
娘呵，我像小鳥一樣回不了窩
我情願跳黃河
不做亡國奴

# 後庭花與紅歌

告別了朝代，也告別了內戰，總以為愛國歌曲在岸內岸外多已安息於藝術殿堂。不料最近發現到，愛國歌曲卻被引出來重作馮婦。當天下大勢動盪不安之際，內憂外患逐漸浮現於中國社會，紅歌重彈也不是沒有所本的。

愛國歌曲的內容，有頌讚領袖的、有展示壯麗山河的、有要求還我河山的。據香港《明報》於二〇一二年二月初報導曰，早在好幾個月前，北京、上海、廣州諸一級大城市，愛國歌曲已湧現於各文娛舞臺、廣播電視臺。更令人注目的是重慶的「唱紅團」曾到過北京、澳門和香港表演。他們所唱的紅歌中仍能引人奮發的經典歌曲，除了中國傳統的革命歌曲外，也加入了一些現代的曲目如〈東方之珠〉、〈龍的傳人〉、〈我的中國心〉。

在二〇一一年十一月初，香港鳳凰電視臺播放的大陸歌劇表演節目中，多穿插著愛國歌曲。壓軸歌是混聲合唱的《黃河大合唱》，唱來迴腸蕩氣。該場由英國著名音樂家史密斯（Nicholas Smith）擔任指揮；唱後被問到他協助中國發展音樂的感想。他說：

「音樂是我的生命，音樂歌曲加深我對中國的認識。」音樂家的純樸和真情，令熱血奔騰的觀眾和歌者，得以稍歇。換著是郎朗，便會說：「我以中國人為榮！」在不同的場合，他曾這麼豪氣過。受訪的換作是張老三和王老七（你認識他們嗎？），你道他們會怎麼說？且聽著：「為國家，當兵去，太行山上打游擊……黃河邊，定主意，咱們一同打回去！」

《黃河大合唱》是一組愛國歌曲中最著名的。它是由冼星海於一九三五年在延安洞窯內組合多首歌而成的，包含了以下各獨立寫就的歌曲：〈黃河船夫曲〉、〈黃河頌〉、〈黃水謠〉、〈河邊對口曲〉、〈黃河怨〉、〈保衛黃河〉、〈怒吼吧！黃河〉、〈黃河之水天上來〉、〈黃河之戀〉共九首。九首皆是冼星海譜的曲，前八首由光未然填詞。有把五首視為組章，亦有說是七首或八首的；後說包含了〈黃河之水天上來〉。

其中一章〈黃河之戀〉（田漢填詞），是一九三七年的上海電影《夜半歌聲》的三首插曲之一，其他兩首便是非常流行的主題曲〈夜半歌聲〉和〈熱血〉。它歌詞中提到「韃子」（韃虜）、金兵，卻沒「反日」的字眼。

在馬來亞，一般活過五〇至六〇年代的是比較熟悉〈黃河船夫曲〉、〈河邊對口唱〉、〈保衛黃河〉，和電影插曲〈黃河之戀〉。在〈怒吼吧！黃河〉和〈保衛黃河〉的歌詞裡都出現了抗日字眼。〈對口唱〉則撩起了舊日延安和長征的集體回憶：「為回家，當兵去，太行山上打游擊。」〈怒吼吧！黃河〉裡的「新中國已經破曉」，在提醒國民，團結一致，排除萬難，以迎接戰無不勝、心儀已久的「新中國」。此外，〈東方紅〉、〈大海航行靠舵手〉、〈松花江上〉也是主要的愛國歌曲曲目。[1]

# 愛國歌曲在南洋

小時候到電影院看電影，總會碰上序幕前播放的國歌。加拿大和美國的電影院好像沒有播放國歌的儀式，但在國際競技場如奧林匹克頒獎時，卻可聽到各國的國歌。現在馬、星的廣播及電視臺，早晚亦播放國歌。學校舉行例常升旗儀式時亦然。

中國在清朝時曾有國歌，卻沒流行開來，更沒流傳到南洋。國民政府創立後，亦曾有過國歌，但後來卻獨尊源自黨歌的〈三民主義〉。當時，幾乎所有的中小學、官方慶典、娛樂場所，更不必說軍中，都必奏同一首歌。不論在任何國度，國歌可以不唱，卻不可亂唱。國歌之至高無上，以此作為國民效忠的象徵，是順理成章的。差異之處可能是它被演奏的場合或次數。

1 此文乃修訂版。原文摘錄自二〇一二年由華裔館出版的《虛擬認同：早期馬來亞華人的愛國歌曲》。之前曾發表於二〇一一年十二月的大馬《東方日報》；其後又收入拙作《鳥語鳥話》（大河出版，二〇一六）。另一篇則曾發表於二〇一〇年二月二十一日的《星洲日報》。

政權可以交替，國歌鮮有更變，除非整個國體被替換。但「愛國歌曲」則可要多少，就有多少；且中華民族最多。

國民唱愛國歌曲到底表示了什麼？龍族心照不宣，外族一定會發問：為什麼中國人、華僑喜歡唱愛國歌曲？一般的回答應是：為了團結和鼓勵士氣。在過去，反日的、反殖民的都會唱；他們遭受到離境、牢獄、捐軀的挫折時，更會高唱。當然也有慶祝的勝利之歌。

對中國詩詞或歷史稍有認識的，應會讀過杜牧的詩〈泊秦淮〉：「商女不知亡國恨，隔江猶唱後庭花。」或也可唱唱一千多年後的《風雲兒女》的插曲，由聶耳作曲，許幸之填詞的〈鐵蹄下的歌女〉：「誰不知道國家將亡，為什麼被人當作商女？」杜詩中所提到的詞牌「後庭花」，乃借古（先其兩百多年的南朝陳後主）來諷今（晚唐），斥此歌為亡國之音。而在鐵蹄下賣唱與獻舞的歌女，迥異於〈天涯歌女〉和〈歌女之歌〉，本是為國為家，卻不幸被誤認為亡國奴。

至此已可見，音樂、歌唱與邦國興亡，不是完全毫無關係的。

撰寫〈義勇軍進行曲〉的詩人音樂家田漢，因曾為三〇年代上海的愛情影片插曲，如〈歌女之歌〉填過詞，而飽受批判；後又在文化大革命時給紅衛兵整肅過。臺灣在解嚴前，也把許多民謠列為「禁歌」，如〈沙里洪巴〉。在戒嚴時的臺灣，軍中的文娛活動或勞軍表演，所演唱的多是國民黨忠貞分子所撰寫的愛國歌曲。根據華語歌樂史學者王振春所知，董佩佩在五〇年代到臺灣勞軍時，因演唱當時的流行曲〈什麼都完了〉而被冷落。軍中所要聽的不是〈何日君再來〉的靡靡之音，更不是不戰已敗的亡國之音「賀日軍再來」。

總而言之，不論意識形態，不論朝代，龍族和祂的傳人，思想一致：社會凝聚力與歌唱息息相關。音樂、歌唱是會腐蝕社會風氣，以致民心渙散的，好讓敵人一擊即潰。不過，歌曲既有能使人沉淪的亡國之音，亦有振奮人心的興邦之調。愛國歌曲便是興邦之調，可用來凝聚人民。

第二篇

# 郵票

## 瞞天過海的加蓋

## 郵票的本質與功用

杜甫在〈春望〉所描述的「烽火連三月，家書抵萬金」中，便意涵著在兵荒馬亂中獲得親人書信報平安，喜出望外，最是無價。舊日民間的鏢局，便具有現代書信館的功能。

郵票的本質顯然是提供快速訊息傳達和稅務上的需求。不過，它後來亦步入商業市場，如收藏、鑑定、拍賣。此三類行家所處理的多以富有象徵性、紀念性和缺陷耀眼的郵票。

曾幾何時，郵票也被用作宣導及統戰工具。

中華人民共和國在二〇一三年十一月底把其《東海防空識別圖》公諸於世，舉世矚目。反對的亞洲國家覺得那是國家領空劃分圖；另些則等閒視之，因為別國老早已著先鞭。日本反對最為激烈，因為「釣魚臺」在其涵蓋範圍之內。設若中國隨後把那圖表製成郵票，你想，日本會把貼上該郵票的信，全部給退回嗎？

這個設想並非信口雌黃。年前，中國政府在發給其公民的新護照裡，便隱藏著玄機：浮水印所示是中國領海、領土的圖形，因而引起一些國家的不滿；菲律賓甚至還恫言不讓持照者入境。不久後，「海燕」颱風肆虐菲律賓某省，中國派遣了一艘醫療船到該災區，入境者無人持有那新護照嗎？或是移民廳官員沒看到。要是中國轉為發行同樣圖案的航空郵票，郵件會不會被拒收？護照是個人擁有和收藏的，但郵票的流通率就遠超於個人護照了。

其實，有多少人知道，早在一九三一年，日本已發行過類似的兩款郵票（紫色，一錢五厘；紅色，三錢）。該郵票刊印著當年人口調查的結果，標題是以隸書刊寫的「第二回國勢調查紀念」。票面的地圖標示著現在尚具高度爭議（蘇聯、韓國、中國）的三個小島，已被放進日本帝國版圖（eBay 2013/1/27）。

接著，由日本扶持的滿洲帝國在其一九三六年慶賀的「建國十週年」（康德九年三月一日）的郵票中，有一枚棗紅色的就印上了東三省疆界。另些郵票，則加蓋有「滿洲國成立紀念」、「滿洲國成立十週年」、「抗戰禍國殃民，英雄和平救民」、「新嘉坡復歸我東亞」和印上烈士像的「新嘉坡陷落紀念」等宣傳文字。它們是否曾飄洋過海，則有待查考。

當日本占領馬來亞時，也發行過一些郵票。其中一枚十五分的郵票便蓋上了「新生馬來亞二週年紀念」，頂部志上「大日本帝國郵便」。圖案是牛耕及涵蓋馬來亞、印尼、婆羅洲的地圖。其意義深長，意圖亦昭然若揭：都是囊中物。這應是一般殖民者的做法。唯獨在占領中國期間，發行郵票時，日軍則深思熟慮——扣緊中國人的愛國心理。

接著我們要談的是自一九三一年到一九五〇年間，各政權如何利用孫像郵票去建構其所需要的「國家認同」。比如說，日本殖民政權便曾在孫中山和烈士圖像的郵票上，加蓋「滿洲國成立十週年」和「新嘉坡陷落紀念」等宣傳文字。令人驚訝的卻是，「大日本帝國」或日本天皇的圖像從未在中國郵票上出現過；而袁世凱的「中華帝國」，溥儀的「滿洲國」、「滿洲帝國」皆曾銘記過在當時的郵票上。一般中國人民感到最難受的可能是一枚無圖案，一九四五年發行，僅刊印著以下九個大字的郵票：「日本之興，即滿洲之興」。有日文和中文兩版，中文版的由該時擔任「滿洲國國務院總理」的張景惠題字。

由日本皇軍扶持的溥儀滿洲國，在其所發刊的郵票上，自然不會沿用推翻愛新覺羅的人物圖像，如孫中山。但在他們自己發行的郵票上，則加蓋有「滿洲國成立紀念」，和日軍蓄意給中國人看的「新嘉坡復歸我東亞」的字樣。言下之意是：放下槍桿子吧！以前孫先生曾到過八次的新加坡，那兒的華僑已歸順我們，已不再給你們接濟了！

英國在其所有的殖民地，也曾發行載有當時英王肖像的郵票。柔佛州在十九世紀初期，便曾在載有當時蘇丹（亞布巴咖）肖像的郵票上，加印了以端正漢文（楷書）標示的票值。那正值華人的「義興公司」被授權開拓柔佛巴魯的港腳（港口）和統理發展該州的年代。

這些撩人情緒的政治宣傳式的郵票，一如國家博物院所陳列的物件，件件都是為國家認同而建構的。

## 有趣和沒趣的郵票

郵票本是一種預付服務的收據，或郵資憑證。這類服務相當於中國古代烽火臺傳訊、飛鴿傳書，或由鏢師把物品從一個驛站護送到另一個。但採用小紙頭來作為酬勞收據的方法，英國在一八四〇年已正式使用。這小紙頭就是郵票，或稍早的印花稅票。由於郵票多是匠心設計，算是精美藝術一類，歷久後亦具歷史價值，故能吸引收藏家。郵票也是拍賣行的熱門貨品，郵票鑑定也應運而生。尾隨商機也常見贗品暗流，有有趣的，也有沒趣的。民國時代的郵票發行網猶如一座森林，走入之前，何妨先以郵票市場的怪現象來輕鬆一下。

清朝在一八七八至一八九六年發行了以龍為主題的印花或關稅票。在郵政局於一八九七年成立時，也僅把過去的稅票加蓋而當作郵票使用；稍後才由郵政局發行寄送用的郵票。

辛亥革命成功，剛成立的臨時國民政府只發行了袁世凱和孫中山兩張總統紀念郵票。袁氏於一九一五年廢民國而恢復帝制，自立為皇，年號為「洪憲」。所發行的郵票，倉皇間只得加蓋「中華帝國」於前朝的郵票和印花稅票上。該年便有一枚貼上壹分帆船票的明信片，所蓋的郵戳是譯自富錦縣的洋文，日期是「元年二月……」（eBay 2020/4/11）。

民國自建立以來，發行郵票的政府機關是「中華民國郵政」或「中華郵政」，直至一九四九年三月始由「中國人民郵政」接替。其中好像也有臨時的「華東郵政」、「西北郵政」和「滿洲帝國郵政」等。人民郵政剛接替後仍沿用的孫像郵票，被接替前的中華郵政的孫像郵票，其最高面值高達伍佰萬圓。當時的經濟金融學家大概都無能為力，僅能望通膨興嘆：堪稱舉世奇聞。

## 有趣和無味的郵票

民國郵票，尤其是孫像郵票，如上述，是國土的象徵，也是個充滿悲涼的集體記憶。不過，奇異之外，倒也有些趣事。是趣事因看過這時代的郵票之後，你會眼瞪目呆、啞口無言。趣不趣由你，卻得先對郵票市價的異動稍有認識，這可由網站所載的國際郵票拍賣公司獲得。其中有些公司是專業收藏中國早期的郵票的。有以普羅大眾為對象的，如 Poppe Stamps。同一枚郵票的叫價或底價，兩個市場似乎有天淵之別。在中國更有一些不見經傳的郵票販賣網站，標出天價，也不知道它們要買還是要賣。亦有僅收取傭金的非專業平臺。

由於商業集郵所涉及的層面很廣，也接近專業，郵票鑑定的行業，便如雨後春筍般應運而生。在商界，如拍賣行，鑑定的作業更不可或缺。目前拍賣行所成交的郵票中，其單枚價值在美金百萬元的為數也不少。上世紀四〇年代末，由當時的國民政府送往紐約印刷，面值貳分的孫像郵票，便屬此價位。那枚郵票的肖像倒印了，雖好像不是碩果僅存的。

以下所列各則，有無味的亦有無趣的。

## 無味1

印有烈士陳其美（陳英士）的面值伍角、綠色，於一九四一至一九四九年發行的郵票，在Delcampe公司的叫價是星幣二萬五千多元（星幣一元約合新臺幣二十點五元）；蓋有的郵戳是劣等的。另有同樣的一枚，僅賣三千多元。還有一賣家則要價星幣四千七百多元；差異之處是它多了一個「華北」加蓋。同一天（二〇二〇年三月二十日）的加拿大eBay的賣價是加幣一萬四千多元。

## 無味2

淺綠色一九四八至一九四九年面值貳拾圓，加蓋改值為「國幣伍佰圓」的孫像郵票，一家公司僅要賣星幣幾元。這枚郵票在大公司 eBay 的賣價是星幣一萬四千元。多年來，也曾有叫價幾百到幾千元的。其中還有一枚其孫像重疊，雖價值連城，卻是本文的題外話。

## 無味3

清末發行過龍組和帆船組（含農穫、宮門）的郵票。更換朝代的後一年，國民政府除了印發過兩張總統紀念郵票外，就無暇發行一般的郵票。前朝的外籍郵政局長略施小技，在清朝郵票上先加蓋上從右到左的「臨時中立」。在國民政府交涉後，又多加由上到下「中華民國」的字樣。這和前四字縱橫形成一個十字架式，當時在上海和福州曾流通過。

不過，各大省分所採用的漢字字體並不統一，有隸書，有宋體，也有楷書。這與三年後袁世凱復辟時加蓋的「中華帝國」，異曲同工，相得益彰。郵票的政治宣揚功能表露無遺，淋漓盡致——雖說妙趣橫生，卻不是味道。

味道可從以下的資料辨認出來：集郵專業公司所出版的有關孫中山郵票的參考書，便有悅古編的《清代民國郵票圖鑑》和阮關逸編的《孫中山郵票藏品集》。前者提供郵票市價，而後者則載有大量蓋有郵戳的明信片和信件。

網上買賣郵票的公司很多。國際性的郵票拍賣公司有Stamp Auction Network，Kelleher & Rogers，美國的eBay。區域型的有InterAsia，John Bull，Zurich Asia。北京和上海也有幾家，如嘉德、泓盛、華宇、百度、阿里巴巴。

## 趣事1

在一九一二年發行的兩張劃時代且富有弦外之音的郵票，分別採用了孫中山和袁世凱肖像。前者志上的是「紀念光復」，後者是「紀念共和」。個人肖像被採用在郵票上，多是名人，或有權勢的人物，如張作霖、國民政府主席林森、院長譚延闓等等。為什麼第二枚的孫像郵票卻要等十九年後，即一九三一年，那就是孫中山逝世六年後，也正好是日本經營東三省滿洲國時段，才再以發行郵票的方式來紀念他：誰想到要紀念他？自一九三七年日軍侵華到一九四五年投降期間，為了宣示該省市地區已被日本皇軍占領，和已由親日的汪政府統轄，多會在孫像和烈士像的郵票上加蓋以下的字樣：華北、華東、吉黑、蒙藏、臺灣、河北、「暫售」等。又是誰想到要發行郵票來紀念他？接下來國共內戰時段一直到國民黨退守臺灣：還有誰想到要紀念他？

敵我多方都想到以發行郵票的方式來紀念孫中山，其趣盡在不言中。

## 趣事2

在孫中山逝世六年之後（一九三一年），由國民政府送交倫敦承印的孫像紀念郵票出了紕漏。第一輪印出時（官方規定算第二版），國民政府的青天白日滿地紅旗幟錯印成雙圈。重印時改正為單圈（官方算原版）。哪一版比較稀奇或稀少呢？應該是錯印的那版，因為那是絕版，空前又絕後，舉世又無雙：那是歷史。可是，那錯版在市場上並不珍貴。例如，雙圈最高值的伍圓票的市價是星幣三百五十元，單圈的是四百三十元；同是貳圓票的單圈要比雙圈的貴三倍。趣不趣？

## 趣事3

同一枚郵票，在原有的面值以外，可以出現多種改值的加蓋。這種顯然是因當時通貨膨脹而加蓋的郵票，為數不少。而改值的貨幣有「洋銀」、「國幣」、「金圓」、「銀圓」等。所改變之面額，從原值的數分改成拾、佰圓的不勝其數。另從數圓到仟、到萬、到拾萬、到佰萬也不勝枚舉。如一九四五年紐約版孫像郵票的面值是壹分，後改為「國幣貳角伍分」，較後又改為「暫售伍拾圓」。在一九四六年，同是面值壹分的郵票，改為「國幣伍圓」，最後是「暫售壹仟圓」。一九四八年底在上海大東發行（第三版）的一套孫像郵票，十二枚成套，最低面額的是貳萬圓，最高則是伍佰萬圓。

在一九四八／一九四九年發行的北平（即今日北京）中央版，孫像郵票亦被加蓋改值到十萬，甚至幾百萬「法幣／國幣」。雖說當時的郵票多以金圓幾分加蓋，而一金圓可折換約三百萬法幣。這種通貨膨脹額度，有幾人能承擔？那幾版的孫像郵票雖富有歷史價值和哀痛，但在今日的市場上，並非可居的奇貨。

同一枚郵票，卻因該些省分的經濟不好，或由不同政權發行，而被蓋上「限某省貼用」，這些某省包括了東北，臺灣，雲南，新疆，吉林，黑龍江，廣東等。另又有為防盜而加蓋某些字樣的。這些這些，有趣可言嗎？

## 趣事4

日軍入侵南京時，原定都南京的國民黨／國民政府分裂成兩個對立的單位。蔣介石所主持的國民政府曾多次遷都，最後以重慶為陪都；所屬的中華郵政當也隨之搬遷。雖同一設計的郵票，其製成品的質地卻參差不齊。因送往不同省分的印刷廠，技術的落差極其自然，所使用的紙張也不劃一。

另一親日的國民政府則由汪精衛主持，分裂時仍留在南京。在一枚四方相連的陳其美郵票上，被用樹膠圖章在正中蓋上「國民政府還都一週年紀念／南京」，該圖章所志日期是「三十年／三月／三十日」（即西元一九四一年），其「三三三」似在預祝國運昌隆。

之後，在多枚已加蓋「華北」的孫像及烈士郵票上，另用鉛印蓋上「汪主席葬典紀念」。又有數枚被加值的孫像郵票另被蓋上「收回租界紀念／三十二年八月一日」。郵票真偽莫辨，市場價格都不見天日。

令人費猜疑的是在一張鄧鏗像的郵票上，除了加蓋「河北」，另又用鉛字蓋上了

「新嘉坡陷落紀念」的字樣。更妙的是在當時滿洲帝國郵政發行的郵票上，也加蓋了「紀念新嘉坡／復歸我東亞／康德九年」。康德是日本扶持的滿洲帝國溥儀的第二個年號；其原清朝年號稱宣統，末代皇帝。滿洲帝國另有發行同類的郵票，因不載孫中山和烈士的肖像，故略去。

百思莫解的是，貼上這郵票的信要寄到哪裡去？為什麼不是印在海峽殖民地的郵票上？用意是不是在通知國內的中國人，南洋華僑已不能再資助其祖國抗日了？

這是隔江猶唱後庭花的悲劇，在海外的華僑卻別有一番滋味在心頭。若說是樂趣無窮，那不是郵票沒趣，而是你自討沒趣。

既有苦笑，也應有苦趣。

## 郵票與社會認同

社會認同有真實、虛假和虛擬的三大類。若是透過機制的安排而獲致的認同，該認同便淪為虛擬。海外華僑在一九四五至一九五〇年代對其祖國的認同便是一例。他們所認同的兩個政治實體，國民黨與共產黨，以及兩黨所揭櫫的為國為民的理想，都是真實的，不同在於獲致的途徑。只是他們沒察覺到，曾幾何時，原來的實體已被另外一個實體所替代，而南洋華僑有不少仍堅信神州，無論誰當權，也不須知道誰在當權，是一直以來被認同的。那是一種虛擬認同。

另一種認同是虛假的，卻也是經過加工，即所認同的實體是子虛烏有的，或被捏造的，或表裡不一致的。捏造者的意圖在製造假象，使到一般民眾誤以為真。日本扶持的滿洲國，清朝滅亡之後的天地會，便是典型的例子。

每個部族、國家都會有個象徵物或圖騰，旗幟、山河景物等。對於郵票作為國家認同的象徵，在此必須進一步解釋。首先，郵票本身並不是國族認同的象徵，刊載於它上面的才是。它具有郵政和圖案設計兩個層面的意義。

但在郵票發行機構方面，它卻可蓄意設計一些郵票，令它們不但被國民接受，更會促使國民把它當成是一種社會認同的泉源，如刊載英雄、非凡建築物等。處於國難時期，若把建國英雄或革命領袖的肖像印在郵票上，便可作為激勵民心的國家象徵物，如華盛頓，尤其是解放黑奴的林肯總統。黑白美國人看到他倆的圖像，美國就是華盛頓、林肯，或華盛頓、林肯就是美國。

此外，集郵家都知道，在全球流行最廣的元首圖像是英女王伊莉莎白二世的郵票。曾是日不落的大英帝國，其國家元首的圖像便刊印在所有的殖民地郵票上。一般人所熟悉的香港、馬來亞、澳洲、加拿大，在英殖民時代的郵票都會印上英國國家元首的肖像。對母國而言，那是一種向外宣示領土的方式。對殖民地的人民來說，那是一種對王權的認同。

無獨有偶，在中國近代史上，人物亦曾被用來作為社會或國家認同標誌。最明顯的便是辛亥革命的領袖孫中山，這個革命推翻了滿洲人三百多年的專制統治，創立了五族共和國家。孫像郵票便曾成為一種啟動國家認同的機制。

接下來，且看看，那時代的郵票的本質，郵政制度的演變，以及選載國家標誌的條件。

# 中國郵政史略

清代上海於一八六五年成立了一間屬於工部的「書信館」，其主要功能乃發行通商口岸稅票。在一八七八咸豐年代，海關已發行了郵票式的稅票，名為雲龍郵票。清末光緒年代又發行過大龍、小龍、紅印花郵票，以及數款慈禧太后賀壽紀念郵票等。

民國伊始，以國家元首的圖像來發行郵票的，孫中山是兩位中的一位，那是一九一二年發行的一套「中華民國光復紀念」郵票。該枚郵票僅流行了半年多，由一九一二年十二月十五日到一九一三年七月三十一日。同年或同時，袁世凱圖像也在另題為「中華民國共和紀念」的郵票上出現。有說孫、袁曾為誰的圖像先入郵票而爭執過。又若都發行，誰的先又誰的跟上。孫當時被選為「中華民國臨時大總統」；三個月後，袁接任。不久後，袁改回帝制曰「洪憲」，便在老版帆船郵票上特別加蓋「中華帝國」的宣示。但未正式發行之前袁已垮臺，這類郵票便停止流通。

北伐完畢，民國名人圖像如曇花一現在郵票上的，尚有馮玉祥、徐世昌、葉公超、靳雲鵬、林森、譚延闓、張作霖、蔣介石等等。較後至人民政府成立前，中共也「私下」發行過幾套全國性的毛澤東圖像的郵票，都是手繪油印的。朱德、林彪、周恩來等也出現過。

流通於東北滿洲帝國的人頭郵票，只有溥儀康德年號郵票。

烈士郵票在一九三二年印行，在一九四〇年日侵時舊版重印。其在中國本土流行層面、層次僅比孫像郵票稍遜。使用孫像郵票的區域，幾乎也使用各烈士的圖像郵票。加蓋和改值的情形，例如限貼用地區（東北、華北、蒙疆、臺灣等），以及幣制的更換，如國幣、制錢、金圓、銀圓等，也幾乎同步。兩者最大的差異點是，每位烈士像的圖案設計僅有一種，極似孫像倫敦一九三一年的一環版；而孫像郵票則是多元的（見圖表5、6、7）。

在這許多的人頭像郵票中，除了一九一二年那一枚，其他的孫像或烈士郵票都是在其本人逝世後才印發和流通的。其中，孫像一共印發了不少過二十版次；其套數、系列和種類之繁多，恐僅次於至今已在位六十多年的英國女王。但它被各省市重複加蓋的總次數，則舉世無雙。最令人驚訝的卻是：不同政治主張的軍閥政府，都一致採用孫像郵票。烈士郵票在日本占領區裡應不受禁，因為他們生前並無仇視日本，而日本正式向中國開戰時是在他們往生之後。孫氏在一九二五年逝世。

創立伊始時的民國政府，曾非常短暫地沿用前大清郵政所發行的各類郵票，如大龍、小龍、紅印花等郵票和稅票。用法是在銘記著「大清帝國郵政」的郵票上覆蓋「中華民國」或「中華民國／臨時中立」的字樣。若當時的國民政府不想給人民樹立新的國家認同，大可繼續使用大清郵政的郵票。

國家象徵不必僅是人物，也可以是事物，則國民政府更可名正言順地沿用一九一六年所發行的泛稱為「帆船組」郵票。其圖案實包含三個不同的設計：帆船、農穫、國子監宮門（又稱老牌坊）。而且這套郵票是英國公司一九一三年承印的，北平（京）也依該版模印發過兩版（一九一五至一九一七年的老版和一九二三至一九三一年的新版）。這三個圖案可說並不依附任何意識形態。「帆船組」郵票所意涵的分別為「海路交通網」、「以農立國」和「考試選賢制度」。按理這類郵票應為境內各軍閥和入侵的日軍所樂意採用；他們卻不約而同地採用孫像郵票。除了孫像郵票具有它的象徵價值外，使用已近十八年的其他郵票版模當也快報銷在即了。[1]

該時段雖有內戰如北伐，只是亂世，還不算國殤。尤其是在國家認同方面，國家和民國政府皆尚未進入大分裂，故無國家認同的危機，更無須刻意用郵票來建構國家認同。雖在所翻閱過的資料裡，尚未發現一九三一年代國民政府選印孫像郵票的真正用意，但為紀念領袖、偉人而發行，必是一個主要的原因。到後來，汪政權，尤其是日本侵略者，也沿用孫像郵票，那就值得我們思索了。汪政府對孫中山只有敬佩，對尚未分

1 至少有四張帆船郵票是於一九四一年在上海被蓋銷的（阮關逸，一九九九：三〇）。

裂前的國民政府發行孫像紀念郵票，當會支持。甚至那是國府分裂後由蔣氏督導發行的話，汪氏的國民政府應也樂觀其成。何況中日開戰後，汪政府還是沿用孫像郵票。

一個國家的郵政服務，應涵蓋全國。它也應操控郵票的設計、印行數量和分配給各省市的大權。根據此一原理，國民政府的「中華民國郵政總局」，雖處於兵荒馬亂、國土割裂、愛國賣國的年代，郵政總局還是郵政總局，還是得依法把郵票運送到各省的郵局。用不用，怎樣用，那應是當地山大王的許可權。

接下來要談到的各類的加蓋，便充分披露出各山頭是如何行使郵票流通權的。有些省分，如新疆、西藏、內蒙、雲南、臺灣，多年來都有自己的幣值制度，故總局所設定的面值，改值的加蓋也會因此不一致。但有些地區的差額價卻巨大得驚人。國民政府遷臺那年，一枚「限臺灣貼用」的孫像郵票，加蓋的改值是伍佰萬圓。

滿洲帝國設有自己的郵政制度，也發行自己的郵票。不過，在一九三七年七七事變之後，如前所述，日本占領的東北、華東、華南，以及後來（一九四六—一九四九）被解放軍解放的區域，都設立了本身的郵政機構。有枚一九四五年發行的郵票，加蓋「慶祝華北郵局成立七週年」，之前，即一九三八年，該區已為日本關東軍占領著。該時北平的「新民書局」便是日軍控制下的東北郵政局。

在中國的蘇俄，也曾設立過郵政局並發行郵票。北京嘉德拍賣公司於二〇一三年五月十九日拍賣出的郵票中，有兩枚便是蘇俄在一九三二年印發的郵票。其中一枚的面值為半分，無齒、棕色，圖案是地球和一面蘇維埃國旗。同時還有另一枚是青色五分郵票。發行的目的則有待查考。

中華民國的「中華郵政總局」，也隨著國民政府的多次遷都而遷移，最長久的府址是陪都重慶，由一九三七年七月到一九四五年八月；那幾乎是抗日戰爭的八年時間。一九一二年元月，總局是由「南京臨時政府」所統轄；設在南京。同年四月，改設在北京。一九二七年北伐完成後，又遷回南京。那時日本軍還沒有大動作。

到一九三一年日本關東軍開始發作，次年便扶持了溥儀建立了滿洲國，開始在新京（原名長春）的新民印務局自印郵票。很自然的，推翻清帝的革命人物不會出現在郵票上的。據表一的資料所示，滿洲國內的新民印務局在一九四五年印就一批孫像郵票，但並沒在滿洲國內發行。原因可能是印務局僅承印，卻是提供給滿洲國外的日本占領區使用的。另一是入侵者已接到戰事要結束的通知，無暇兼顧郵票。無論如何，該時滿洲帝國的勢力和行政範圍僅侷限於東北。

另一在郵票和錢幣發行上比較封閉，或多採用鄰國制度的——尤其是受大英殖民的印度——是西藏。西藏在一九一二年發行第一批以雪獅為圖案的郵票。往後於一九二四、一九三三、一九四二年仍都發行同一圖案的郵票。接下來的郵票，也都沒採用孫中山圖像。

此兩地區未拔及之處，全都應用各類的孫像郵票。北洋政府、日本皇軍和汪政府，大可印發自己的郵票，但都選擇貼用孫像郵票；這看來是別有用心，也別有居心。中共解放軍在一九四六年開始，雖也逐年接收國民政府在解放區內的「中華郵政」業務，卻還是繼續使用孫像郵票至一九五四年才停用；面值所示的單位為銀圓。

以上所述，都暗喻著孫中山先生在國內、在海外正是國家的象徵；孫像郵票實已被視為一種建構國家認同的工具。

**表一　歷年印刷孫像郵票的印務公司（一九三一—一九四九）**

| 印刷公司／地點 | 年代 | 重要特徵 |
|---|---|---|
| 倫敦拉羅得公司 | 一九三一 | 第一印雙圈；第二印的單圈先發行（從一九三一到一九三七年，應無占領屬土加蓋） |
| 香港（英屬） | 一九三八 | 中華版：一、二版、改版；大東版、細齒版 |
| 紐約美國銀行紙幣印製廠 | 一九四一 | 紐約版 |

| | | |
|---|---|---|
| 重慶 | 一九四二<br>一九四四<br>一九四五<br>一九四八 | 中央版<br>中華版<br>大東版（抗戰中）、中信版（戰後）<br>華南金圓版、華南基數版 |
| 長春 | 一九四五 | 即滿洲國的「新京」。已印就，未發行 |
| 倫敦拉羅得公司 | 一九四六／一九四七 | 第三版、第四版（高面值火炬版） |
| 上海 | 一九四六 | 大東一、二、三版。廠印「限東北貼用」 |
| 華北 | 一九四六—一九四八 | 日治的新民版 |
| 上海 | 一九四七<br>一九四八<br><br>一九四九 | 大東版、梅花版（中華、永寧、大業、大業加蓋）<br>大東金圓一、二版（永寧、大業、順發、元華加蓋）、中央金圓版<br>大東、中央、華南銀圓版 |
| 桂林 | 一九四八 | 崇文印刷廠 |
| 福建南平 | 一九四九 | 百城版 |

資料來源：圖表1。

## 認可的國家標誌

前文提過，社會認同有自然產生的，也有蓄意建構的。排除萬難後而建國，國家認同在民間會很自然地產生的，如領袖、英雄、國旗、國歌等。可是，在國難當頭時，給匹夫帶來的危機意識，亦會激發他們對建構國家認同的需求。不論自然或蓄意的建構，其過程的第一步就是物色國家的象徵，人或物。

中華民國和臨時政府在一九一二年剛成立後才幾個月，袁世凱另組「北京政府」。其他軍閥擁兵自重，自立山大王，卻誰亦無法統整各路人馬。在蘇俄、日本侵入後，本已四分五裂的中國國體，更變本加厲。從人像郵票的發行來看，內地人民的認同象徵物不是蕩然無存，便是忽隱忽現、難以捉摸。

中華民國在一九一二年發行的孫像（和袁像）郵票並沒志上任何國徽、國旗。由「中華民國郵政」發行雖理所當然，卻沒刊印在郵票上。以後如一九一三年的「帆船組郵票」，則刊上該銘記，但同樣也沒志上國徽、國旗。替代中國革命黨的中國國民黨是到了一九一九年才正式成立的，黨徽、黨旗才開始出現在後來的孫像郵票上。

國民政府於一九二八年北伐後統一中國，奠都南京。經國務會議議決，奉孫中山為國父；同時，郵票圖案改印孫中山暨五位先烈遺像，以表示崇敬不朽。為慎重其事，這些郵票在一九三一年送去英國承印。這可說明官方已把孫先生等奉為國家象徵。青天白日的國徽（或黨徽）出現在這郵票上（見圖表1），應是第一次。

但是，相當意外的，日本在一九三七年正式入侵後，仍然使用同樣的一批郵票。這真耐人尋味：受害者建構的國家認同，豈不是被加害者操縱？抑或真心誠意地接受漢、滿、蒙、回、藏、和的六大族群共和？汪政府無疑地傾向後者。日本軍可是另一樣的想法：趁在社會動盪時運用加蓋孫像郵票的手法，去模糊該象徵的屬性，使得受害者敵我難分。如此一來，它便淡化了中國人民的危機意識，而國民政府事前所建構的國家認同，便會逐步弱化、淡化。

民國創立後其支離破碎的國家形象，卻因一九三七年七七盧溝橋事變而被漿糊貼黏起來：兩造中國人民共同面對侵占領土的敵人，都義憤填膺、同仇敵愾，使得人民又重新獲得一個臨時的國家認同。國、共、汪政府，和日本入侵者，皆同時使用孫像郵票。

日本投降後，國民政府順理重整旗鼓。雖孫先生已於二十年前逝世，仍奉孫先生為國家象徵，故孫像郵票繼續流通。

可惜的是，把國共兩次黏在一起的漿糊到底不是什麼強力膠。一俟共同敵人已消失，就在日本投降後，他們又重啟內戰之門。就在這時段，國際共產主義興起，中國共產黨與國民黨之戰，演變成勢不兩立的生死戰。共產黨必定知道，要徹底擊潰幾已擁有整個中國的國民黨，要做到事半功倍，得把受人民尊敬的革命英雄孫中山視為同路人。因此，解放軍在奪得大城鎮後，還是沿用自己加蓋的孫像郵票，一直到國民黨撤離大陸後一、兩年為止。那時大陸人民的國家認同才稍趨穩定。兩、三年後，毛澤東、朱德等的肖像郵票才逐漸取代了孫像郵票。

對海外華人來說，他們對祖國的國族認同不時遭受到無可奈何的更變。在抗日期間，他們能分辨哪種孫像郵票是國民政府發行的？又哪類是汪政府或日軍所發行的？海外華僑，可真陷入了認同的混亂期。認同混亂期一直伸延到中國共產黨把它簡化為二為止：左翼和右翼。但是，認同的象徵物，依然模糊。還在僑居地高唱愛國歌曲的華僑，卻不知為誰而唱（麥留芳，二〇一二）。這種情況，真的是「國破山河在」，海外華僑縱有國家認同，那應是虛擬的。山河認同、鄉梓認同，或社稷認同，才比較接近事實。

那時代，國內外的主要溝通方式有個人書信，託帶口訊，或簡單的報章舊聞。郵票也應扮演著一個重要的角色。載有孫像的郵票也還是海外華僑的國族認同標誌。

## 領土與亡國奴意識

滿清給八國聯軍簽訂割讓國土的《辛丑合約》時，全民悲傷不已是可想而知的。只可惜那時代一般人民除了以暴易暴外，能做的不多。由於大眾傳媒也不發達，故看不出來人民的危機意識。清末瀕臨亡國，似乎沒有人民譜寫過哀悼國殤之曲。或許有，卻沒流傳開來，至少沒遠播海外。

但在民國時代，從一九三一年開始，中國再一次逐年喪失掉固有國土的擁有或管轄權時，孫像郵票，間接地記錄了這個時代的過程。郵票既不是官史，也不是野史，更不是演義。它是一種半官方（受約於法制），半民俗（各地行政單位可蓋創意郵戳）的資料。官府可以用郵票來傳達意願，發布消息，如加蓋「中華民國創立三十週年紀念」、「新嘉坡陷落」、「日本之興，即滿洲之興」等。民間的憤怒，卻沒法利用郵票來表述（見圖表9）。

這憤怒，所指的就是亡國奴的危機意識。流行於一九三〇至一九五〇年代的中國和僑居地的幾百首愛國、抗日歌曲（麥留芳，二〇一二），所譜、所唱的，正是這個亡國奴的恐懼、哀傷與憤怒。〈中華人民共和國國歌〉或它三〇年代的前身，是這樣譜的：

「起來！不願意做奴隸的人們。」在三〇至四〇年代的上海和五〇至六〇年代的南洋，普遍流行著的《夜半歌聲》裡的〈熱血〉，同樣譜著：「誰願意做奴隸？誰願意做馬牛？」同時代的另一首是《黃河大合唱》裡的〈黃河之戀〉，也有這麼一段：「你等著我，我願意做黃河裡的魚，不做亡國奴！」

從民國建立到一九三〇年，其中雖經過多次的內戰戰役、北伐，加上日本已在《馬關條約》下的受割地（如遼寧的遼東半島、長春、大連、旅順等地方）進行採礦、築鐵路等活動，卻也還沒見到中國愛國歌曲的大量流行。換言之，中國國民的危機意識還沒顯露和集體化。一直到了滿洲國把遼寧的瀋陽改名為「奉天」、長春改名為「新京」，「宣統」溥儀先變成「大同」（一九三二－一九三四），繼後稱「康德」（一九三四－一九四五），溥儀再次粉墨登場後，中國人民才如夢初醒。

在一九三一至一九三七年的時段，已在東三省經營的日本人，扶持滿洲國成立，又和北洋軍閥張作霖等謀合；其擬逐漸蠶食中國領土的計畫已明朗化。人民的危機意識應已萌芽。一俟一九三七年中日宣戰，危機意識便日益強化；這可證諸當時流行的許多愛國歌曲，其中不乏是愛國電影的插曲。有一首〈保家鄉〉便唱出了一般中國人民的心聲：「同胞們，細聽我來講：我們的東鄰舍，有一個小東洋，幾十年來練兵馬，東亞稱霸強，一心要把中國亡！」抗日之意，已深植民心。同樣能激發人民的國家認同的愛國歌曲還有很多，如〈松花江上〉、〈打回東北去〉、〈思鄉曲〉、〈天倫歌〉、〈中秋怨〉、《黃河大合唱》的組曲等等（麥留芳，二〇一二）。

還有很多類似的愛國歌曲，不勝枚舉。有一點可以肯定的是，在日本入侵中國後，人民的亡國意識已達至忍無可忍的地步。日本侵略者當時耳目無所不在，怎會聽不到、看不見中國人民和海外華僑那種直衝雲宵的危機意識？當然不會。只是日本人自一八九五年以來，在中國東北經營了三十多年，對中國國人的心理，應也瞭若指掌、胸有成竹。把日本人在孫像郵票上的布局，和中國人的亡國奴危機相連起來，應不會是無中生有、強詞奪理。

接下來，讓我們僅看看孫像郵票裡所記錄的疆土被瓜分、侵蝕、蠶食的情景，便可窺見那近乎亡國的一斑。

## 山大王的地盤

在舊日的部落社會，臣服的人民便是子民，那也是皇權所在，並不含有土地擁有權，也即是無所謂疆域。十九世紀末由歐洲輸入的「國家」概念，界定的要素之一便是土地，即土地擁有權和治理權。清末八國聯軍所受割讓的土地，除了標明是租借的，其擁有或治理權並無清楚的界定。

疆土的劃分，有它一定的國際法則。本文所應用的劃分法則是中國國內發行的郵票，也僅限於標示著特殊地名加蓋的孫像郵票，而多是當時的山大王所主導的。這種劃分方法當然不算嚴謹，也不科學，因為郵票的加蓋與發行，是不可能和軍隊占地同步進行的：很多重要省市的管理權，易手非常快速。比如說，一九一一年武昌起義推翻滿清帝國之際，中華民國便算成立，卻到一九一二年才有標示「光復紀念」的孫像郵票，和標示「共和紀念」的袁像郵票發行。

從各據山頭的大王在孫像郵票上的加蓋來看，自一九一一到一九三一年的土地管轄權，約略可追溯的有三大區塊如下：

(1)東北管理權屬袁世凱的北洋軍團，如陸海軍大元帥張作霖等（也包含了其他零星的軍閥與所據地盤）。

(2)西域、西南、西北多屬個別自治區域，涵蓋了內蒙古、青海、寧夏、新疆、西藏及部分雲南和廣西等。

(3)擁有其餘地區的絕對管理權的可算是中華民國或國民政府。

在此必須一提的是，滿清在一九一一年滅亡時，擱置八國聯軍租界不談，並沒喪失其擁有的國土；喪失的是管理權。當然，孫像郵票也沒記上這一筆，即中華民國所接手的土地到底有多少。但自一九三七年日本正式入侵中國後，孫像郵票就將之標示出來。從一九三一到一九四五年，尤其是一九三七到一九四五年，各勢力集團在中國國土的管轄版圖如下：

(4) 自一九三二年開始，日軍扶植的「滿洲國」或「滿洲帝國」管理東三省。定都新京，即原長春市。

(5) 日軍組建「華北政務委員會」等，管理華北各省或大城市如北京、天津等地。

(6) 日軍於一九三七年創立「蒙疆聯合委員會」；兩年後，改組為「蒙疆聯合自治政府」，定都歸綏（現呼和浩特），管理內蒙、晉北、察南等省市。

(7) 日軍所扶持國民黨要員汪精衛在南京的「國民政府」（一九四〇—一九四五），則管理蘇北、南京、上海等地。管轄之地域，尾隨日軍，不斷伸延。

(8) 日軍也在其他占領區成立管轄政府，如華南諸沿海大城鎮如汕頭、廣州。

(9) 蘇俄在江西所成立的「中華蘇維埃」；中國共產黨解放軍，則活躍於西南諸鄉野地區，或邊區。

⑽中央和後來由蔣氏領導的國民政府、中華民國政府，由早期建都南京至遷都洛陽、武漢、重慶、廣州等地；後在日本投降後還都南京。在此時段中，其實際的國土管轄權可說已江河日下、與日俱滅。

包含在土地治理權的一項重要權力，在電臺廣播和電話通訊尚未發達的時代，要算郵票的發行了。基於以上所述十點的說明，我們可從孫像郵票去探溯各勢力集團所占據的城鎮。所勾劃出來的約有四大區塊：中央國民政府屬土，日本皇軍占領區、汪氏國民政府統轄區，和中共解放軍的解放區。孫像郵票的屬土加蓋，所標示的原則上是土地管理權，卻沒因此演變成永久擁有權。

# 中山在山中

〈導言〉中曾暗喻民國時代的郵政，尤其是在郵票的發行方面，宛如一座充滿荊棘的森林。環顧歐美大國所發行的郵票，對比一下在民國時代發行的各類郵票，特別是孫像郵票，後者實在複雜無比。同一類（面值、圖案、色彩）郵票，它可以在紙質、齒孔、印刷地、浮水印、地盤等而有所差異。

此外，也是同一類，卻又因政府、政權遷都而被限區貼用，或戳上多種加蓋。走入這森林前若在樹下問童子孫中山在何處，他會告訴你：「中山仍在此山中，只是雲深不知處！」意下是說：從雲深處往下看，這座森林滿是郵票，而絕大部分是孫像郵票。要找所要的那一枚就得循序漸進。也因此，搜索的步驟得以從簡到繁，從有趣到煩悶。職是之故，從摘要到資料到分析到討論，某些事件的重複敘述是無可避免的。為了避免迷失方向，讓我們先從高空俯視這座郵票森林。

之前我們在這座森林裡一路走來，郵票僅分孫像和其他郵票兩類，不較枝節，已覺甚煩。接踵而來的僅聚焦於孫像一類，卻反而會感到不勝其煩。若覺得淺嘗可即止，就應裏足稍歇。若仍嫌不足，誓必完程，隨來的將是更繁雜的枝節。

一般說來，一枚郵票的市場價值，未被蓋過銷票郵戳的，會高過已被註銷的，除非所蓋之郵戳具有特別意義。此外，印刷上缺點越大，其市場的價值就越高。要是郵票由同一家印刷公司承印，印在同一類紙上，用統一的齒孔機打洞，一律嵌入或無浮水印的，其市場價值比較容易鑑定。若你覺得你所蒐集到的，也有那枚以高價成交的，那應有甘之如飴的感覺。

在孫像郵票的市值鑑定方面，卻繁瑣多了，非一般郵商和集郵專家可以竟功的。看來像是完全相同的兩枚，卻會因郵票印刷的地方不同，或郵票加蓋的省分不同，或齒孔度數，齒孔式樣或紙張的厚薄度、紙質、有無浮水印等。例如，同樣的郵票，既有十二個齒孔的，也有八個齒孔的，彼此拍賣的差價都會出乎你意料之外。當然，上述的分類亦可能發生在其他國家的郵票上，但卻不像在舊中國那樣雜亂無章。在西方，同個時代的郵票，圖案設計完全一致的郵票，要就全都壓有浮水印，要就全都沒有。

你擁有的那枚，看來和拍賣行的那枚雷同。若再從好些角度如圖案去查看後，亦覺得兩枚毫無差異，你一定會心花怒放。且慢，僅北平（北京）版和香港版的，其差價就很大了。那種差異，得求助於放大鏡，或在電腦上放大：「票」、「政」的寫法僅有毫釐之別，價差卻是千里。當發現版本真有差異時，就好比被澆了一盆冷水，甘盡苦來，且苦又不堪言。

國家主權意識也會影響到孫像郵票的市場和價格。比如說，汪精衛的南京國民政府所加蓋「暫售」的郵票，多年來都不受歡迎。另外，東三省滿洲帝國的郵票，如加蓋的是「奉化」（原瀋陽）或「新京」（長春）也多遭受到同樣的命運。

買家中有真正的藝術品收藏家，有洗錢的專家，有投資的商家，他們都偶爾會買到假貨。當然集郵人士也會有同樣的遭遇，而且網上也有開誠布公的贗品、臆造品專賣網站。以郵票作為研究資料，這些都是題外話。

## 孫像郵票的特色

鏢局時代的書信傳遞還沒郵票可貼，到清末時才採用外國承印的稅票，和寄信用的郵票。那時的郵政制度尚稱單純，有書信和海外往來的，應也僅屬於外國使館人員。一旦進入共和、民國時代，中國的郵票發行或流通，如前所述，儼然一座荊棘叢生的郵票森林，得循序漸進，不為事件的重複而煩厭。

除了前述的各種功能之外，在中國近代史裡，郵票還有另一種獨特的用途，那就是山大王的政治宣傳。既是政治宣傳，那就意味著它會隨著政權的更替而出現各種型態。

政權更替越頻繁，受政權管控的郵票便會更多樣化。其多樣化久之便為這座郵票森林引進更多的荊棘。

我們必須走入這座民國的孫像郵票森林，始能發現國家認同與郵票發行的關係。國家認同是個人對族群、文化或國家的從屬感。所謂「亡國奴」、「國家興亡，匹夫有責」、「拋頭顱、灑熱血」的情操，算是極為強烈的國族認同。在另一端，虛擬梅縣則是家族認同。

如前述，郵票作為一種載送的機制，具有普遍性、速遞性、持續性特徵。若刊載孫像，孫像郵票就會借用一般郵票的傳送特徵。孫像本身在民國年代是國家標誌，而被採用為一國族標誌，像中人物也應具有某些特徵。我們不妨從該時代的同類郵票發行的情況，孫中山的社交網絡，以及個人領導能力去探討。換個角度來看：孫像郵票為什麼沒被取代？簡言之，所涉及的時代為民國／共和時第一張就職紀念郵票（一九一二），孫氏逝世（一九二五）後，國民政府第一系列的孫像郵票（一九三一—一九三七），烈士郵票（一九三二—一九三七），日侵加蓋的孫像郵票（一九三七—一九四五），國民政府遷臺前孫像郵票（一九四五—一九四九）。

說國家認同與一般郵票發行必有關聯，如英女王二世郵票，在民國時代有嫌言過其實。這個關聯不是必然的，除了標誌人物的特色當是首要條件外，也需外在的時、空誘因相輔。那類刊載有英雄人物肖像的郵票，多在處於「亡國危機」時，才可激發人民的愛國心；或相對地弱化人民的國殤危機感。具體說來，僅導致家破人亡而不是國殤的內戰，國族認同標誌應不會被替換。中國在一九三一年到一九五〇年間，各路人馬都曾試圖以特種郵票來建構「國家認同」，但孫像郵票卻沒被取代。茲提出五點試述之，之後再以標誌人物的特色接連。

第一，中國的第一枚郵票乃發行於清代，或一八六五年的上海的「書信館」。之後便有其他種類的郵票、印花稅票等出現。民國成立後，「中華郵政」便委託英國印刷了一批「帆船」組票（含帆船、宮門、農穫），都沒人像，沿用到一九二〇年代。

其實，民國伊始，以國家元首的圖像來發行郵票的，孫中山是兩位中的一位，他當時被推選為「中華民國臨時大總統」。那是指一九一二年十二月十五日發行的一套「中華民國光復紀念」紀念郵票。該枚郵票僅流行了半年多，便無疾而終。同年或同時，袁世凱圖像也在另題為「中華民國共和紀念」的紀念郵票上出現。三個月後，袁接任孫氏職位。孫像郵票第一次被取代。

第二，袁世凱的「中華帝國」、溥儀的「滿洲國」、「滿洲帝國」，皆曾銘記於當時的郵票上。可是，在日本占有中國屬土時段，「大日本帝國」或日本天皇的圖像，卻從未在滿洲國之外的中國郵票上出現過。日軍扶持、汪精衛所主導的「南京國民政府」，並沒在日侵區內發行過自己設計的郵票，沿用的是孫像郵票。孫像郵票沒被取代。

第三，國家象徵不必僅限於人物，事物也可以。民國創立伊始，百事待興，只得拿清朝大小龍郵票來加蓋。五年後，國民政府其實可名正言順地沿用一九一六年所發行的泛稱為「帆船組」郵票。而且這套郵票是由英國公司於一九一三年承印的，北平（京）也在一九一五至一九一七年和一九二三至一九三一年依該版模印發過兩版。這三個圖案可說並不依附任何意識形態。按理這類郵票應為境內各懷鬼胎的，如軍閥和入侵的日軍，所樂意採用；但他們卻不約而同地採用了孫像郵票。孫像郵票沒被取代。

第四，集郵家都知道，在全球流行最廣的元首圖像是英女王伊莉莎白二世的郵票。曾是日不落的大英帝國，其國家元首的圖像便刊印在所有的殖民地郵票上，如香港、馬來亞、澳洲、加拿大等等便是。

在中國近代史上，孫像郵票也曾是一種國家認同的標誌。差異處是英女王郵票是發行於她一九五三年登基至今的時段。孫像郵票的發行則是在孫中山本人逝世（一九二五）六年之後，流通至新中國建立（一九四九）之後一、兩年。甚至國民政府遷移臺灣之後仍沿用孫像郵票。

如果以出版次數來衡量一枚個人圖像郵票的人氣，在前述的人頭郵票中，曾不斷地在中國內地流通近二十年的，也共印發了不少過二十版次的，僅有孫像郵票。其套數、系列，和種類之繁多，恐僅次於至今已在位六十年的英國女王。但它被各省市重複加蓋的總次數，則舉世無雙。最令人驚訝的卻是：不同政治主張的軍閥政府，都一致採用孫像郵票。尾隨的是刊載有六位辛亥革命烈士肖像的郵票。在流通量方面比較接近的人頭郵票，是流行過約十三年的滿洲帝國溥儀康德年號郵票。只是按照法理，那枚郵票應不可能在全國流通；也許後來或也允許在日本占領區內流通。林森雖任國民政府主席幾達十二年（一九三一—一九四三），以他肖像為主題的，好像僅有紀念郵票和稅捐票兩種。

談到辛亥革命，大家不免會想到一九一〇年廣州起義失敗成仁，後被埋葬在黃花崗的七十二烈士。逝世後肖像入票的有六位，他們是：陳其美（陳英士）、黃興（黃克強）、宋教仁、廖仲愷、朱執信（大符）、鄧仲元（鄧鏗）。除黃興是因病而逝外，其餘五名烈士先後皆遭暗殺，[2]且幾乎都先於孫先生離世。

他們都曾先後遠渡日本，或避難、或留學、或接受軍事訓練、或策劃革命事宜等。刊載六名烈士的郵票是先在一九三二年發行，一九四〇年日侵時舊版重印。盛況算空前，但沒絕後。主要是因為其流行程度、圖案設計的多元性、加蓋和改值的次數，遠遜

2　有說他們並非因執行公務，特別是起義，而遭暗殺的。換言之，是遭同黨仇家毒手所致。這是非得由歷史學家來定奪。他們的肖像已入票是不容質疑的。

於孫像郵票。孫像郵票沒被取代。

第五，對事物的認同，一般泛稱「社會認同」。作為認同的事物，或對象，可以是自然產生的，如民族、命名、衣著、菜餚等。它也可以是一種衍生於歷史和傳統的建構，如國旗、國歌、歷史博物館的陳列品等。後者可以是一種因時制宜，或應辰的建構；一旦時序已過，其原有的認同吸引力便會消失，如愛國歌曲、武俠小說。另一種蓄意建構出來的認同，雖也是因時制宜，其建構者的意圖是要把它用來矇騙，或模糊暗藏的動機。

因時制宜的時序有長短久暫之別，其所給群體帶來的認同適應也不盡相同。因國難，如抗日戰爭，而滋生的危機意識是持久的例子。另一方面，民國成立之後內戰雖頻繁，卻也僅算曇花一現，應不會大幅度改變該時代的人民的原有認同；但在原有真實和虛擬認同間徘徊，是無可置疑的。五族共和的誓約在短短的五年之後，人民便陷入各類的虛擬認同，因為原來的國家實體，已虛有其表。這種變換可從認同標誌，如郵票和錢幣等的更替，窺見一斑：袁世凱、張作霖、孫中山等都曾是認同的標誌。共和理念一致，卻各自表述。更恰當地說，是各個派系自奉其國族認同。

那段時間內，人民似乎沒感到國族認同已瀕臨瓦解的階段。直到日本人正式入侵後，中國人民才如夢初醒，如在愛國歌曲的歌詞中所得知，才感覺失落而導致社會解體。如前述，這才真正是國殤、亡國奴危機。可是入侵者也將計就計，巧妙地採用原有的認同標誌，以穩定社會。作為國家認同的象徵，雖被利用，孫像郵票沒被天皇郵票取代。在理論上，那時段的國族認同是虛擬的。

此外，孫先生生前的重磅人物汪精衛，也在當時協助日本軍閥統理所有已占領的地區，如東北及華東等，利用在孫像郵票上來加蓋如「東北」、「華東」、「暫售」等字樣，既仍擁護孫中山，也同時可宣示領土易主。這不愧為絕招，與日軍的加蓋異曲同工。因它不但沒立刻毀滅占領區人民的原有國家認同，反而給予表面上的支持。其實，無形中這個原有的已被一個虛擬的替代了。

除了上述的客觀環境外，作為一個勇往直前的英雄，本身必也具備基本的領導魅力。孫先生的功過，自有、也得由史家來判斷。若從郵票的發行情況去看，幾可斷定孫先生是一位極受愛戴的革命家。他原在香港大學讀醫科，不僅能行醫救人，卻也操洋務，但他覺得救國比救人更是當務之急。當時要暗殺孫先生的軍閥也應有不少，而他們在其統轄的屬土內卻也照樣發行孫像郵票。更能令人信服的可能是：入侵的日軍在孫先生逝世十二年後，還拿他來建構「社會認同」。這是孫先生領導魅力的明證。

有關孫先生的魅力，個中原因當然不少，天生的堅毅不拔的性格、充沛的精力是所有群眾領袖必具的特質。他們造時勢，時勢也造英雄。除了滿洲國外，蘇俄、日本，和中國共產黨都不把孫先生當仇敵，汪、蔣更是他的追隨者。我們不妨簡單地追溯當代英雄與時勢的關聯：在原始的孫像郵票時段，他是「中華民國」的象徵；在屬土加蓋的郵票裡，他是被入侵者蓄意尊為「中國」的象徵；入侵者投降後，他又再成為「中華民國」的象徵；中國共產黨解放城市時，他再度受尊為「中國」的象徵。上述兩個時勢所暗喻的「中國」，是一個由成敗來界定的概念，卻不是孫先生創立的「中華民國」。

不曾或拒絕採用孫像郵票的勢力集團也有。西藏是其一，原因是歷來它就是一個高度自治的區域，自己印發郵票和錢幣。另一個勢力集團便是在東北的滿洲國。由日本關東軍扶持、由溥儀主持的滿洲國（大同／一九三二－一九三四）或滿洲帝國（康德／一九三四－一九四五），不曾採用孫像郵票。那是很自然的事：孫先生生前，是推翻他家族的王朝的關鍵領袖之一，同盟會時代的汪精衛並曾企圖暗殺其攝政王叔父載灃。

滿洲國地小人稀，且已是關東軍的囊中物，更急的當務是收買眾多漢人的人心。最佳策略之一便是在漢人心中塑造一個國家認同的象徵物，孫先生無疑是最佳的人選。況且，孫先生和日本人過從甚密，好歹前後也在那兒住過九年，其在日本的人氣應也很旺。故關東軍在滿洲國以外地區選用孫像郵票，是可以理解的。

孫先生逝世（一九二五）前國民黨尚未進入仇視日本的年代，故後者用他的形象來拉攏被征服的中國民眾，是最適當不過的。在另一方面，日軍正式入侵後，亡國危機促使中國人民抗敵情緒與日高漲，日軍不得不祭出安定反日情緒的策略。

日軍當亦耳熟能詳，辛亥革命在孫中山的領導下，起義十一次，烈士們身先士卒，追隨者前仆後繼的壯烈行為。若害怕這三十年前的強烈的愛國心會重演，何不來個未雨綢繆，免其一瀉千里，不可收拾？何不將計就計，就延續中國人民所崇拜的孫中山，允許並採用中國國內的孫像郵票，藉郵票的流通功能，使之廣為流傳。因此人們到處還看得到孫中山及烈士的圖像。郵票上的孫像還沒被天子或天皇的圖像所取代。

不過，日軍也得同時悄悄地警告抗日分子：「日軍所向披靡，最終必進你家」。日軍在每張孫像郵票上加蓋著已占領的區域名（如華北、華東、蘇北）、省名（如蒙疆、皖、粵）、地名（如上海、南京），便有這種軟硬兼施的作用。這不愧為匠心獨運、高瞻遠矚的精心傑作：郵票與國家認同是有關聯的。

此外，值得注意的是，孫先生操洋務，故其外交網路，尤其是他與日本、英國、南洋僑社，都有保持溝通的管道。相較之下，同代的人物在這方面幾乎都難以望其項背。孫先生自一八九五年到一九二五安息年，離國避難前後十六年中，合計有九年是在日本度過的，在當地必有一定的人脈與追隨者（Yen, 1976），日本籍的太座便是其中之一。興中會、同盟會或革命黨起義時所使用的武器，不少還是源自日本；據說提供者或金主是當時日本富商梅屋莊吉夫婦。簡言之，孫先生逝世前國民黨尚未進入仇視日本的年代，故後者用他的形象來拉攏被征服的中國民眾，是最適當不過的。

汪精衛所領導的國民政府（一九二七—一九三七；一九三八—一九四四／四五）有更好的理由沿用孫像郵票。除了那可能是日本占領軍的政策外，他是孫先生生前的心腹或左右手。他代撰孫〈總理遺囑〉，多次陪同孫先生避難和宣導革命於海外，包括日本、南洋的檳城、太平、怡保、新加坡等地；他敬佩孫先生是不容置疑的。或可說日本深知汪極度尊重孫先生，特以孫像郵票作為認同的象徵，汪可以釋懷。

另外是中國共產黨。在一九四五年之前，尚沒設立郵局發行自己的郵票。有者也只是在日本投降後，在他們收復（解放）了的邊區如東北、西北、西南所開辦的臨時郵局。這些郵局發行的郵票幾乎都是手抄、木刻版本，其中還載有朱德、毛澤東等的圖像。原則上，他們還是大量沿用舊孫像郵票到一九四九年人民政府成立一、兩年後為止。

此外，史載孫氏多次造訪南洋，尤其是英屬馬來亞的檳榔嶼、怡保、新加坡等地。黃花崗起義中赴國難的烈士們，便有約三十名是從南洋回去的。羅家倫所撰的〈壯烈的開國序幕，燦爛的碧血黃花〉便提及其中兩名：他們是余東雄（十七歲）和郭繼枚（十八歲）。他們乃是霹靂州怡保市務邊鎮的居民，曾就讀於怡保育才學堂，亦在當地就業。據謂他們在該鎮聽了孫氏的演講後，深受影響至加入同盟會。依據他們的年齡及就讀情況，應屬移民第二代。他們縱有祖國歸屬感，卻不是從愛國歌曲、孫像郵票和錢幣所衍生出來的。不過，這明確地顯示出孫氏在民國尚未建立之前，其在南洋已彷彿是國家認同的標誌。那時，愛國歌曲、孫像郵票與錢幣還沒發行，更談不上流通。

那是歷史的靜態演變，即博物館所展示的歷史。動態的演變，盡在郵票森林中的中山郵票中。

## 原始孫像郵票

原始郵票所指為完全沒有蓋過任何印章的流通郵票。在集郵市場裡，這類郵票一般上多被看好。在研究的領域裡，它也被看好，只是看好的原因不一樣。收藏家會覺得原始郵票，因無雜質，比較清新。對研究者來說，原始票像是一個明鏡，可以藉以和加蓋票做歷史對比。例如該郵票的圖案設計種類，又它是否正規的長期使用郵票等，尤其是該圖案的主題的歷史意義，如開國紀念，都是研究者比較關心的。

由孫中山和追隨者所印發的孫像郵票的歷史意義，是國民黨、汪政府、日本入侵者，或甚至中國共產黨所賦予的。在第一套孫像紀念郵票面世約二十年後，或孫先生一九二五年逝世後六年，即一九三一年，才又再見到孫中山圖像的郵票；它一直流通到一九四九年人民政府成立後為止。之後的，即兩岸三地所發行過的孫像紀念郵票，其意義、流通層面和層次，雖說今非昔比，卻也各擁風騷、各領千秋。

在中國國內流通最廣的郵票，雖僅以原始郵票為準，也得數「孫像郵票」。況且其隨後的版本繁多，同一個圖像，基於以下的情況而變得繁雜非常：印刷公司、複印次數、發行省分、印刷紙張、齒孔大小、有無浮水印或行政區不同等。

圖表1所提供的孫像原始郵票，只是一個摘要；我們僅選取各版一枚，略去其餘面值。這圖表1並沒列入在一九二九年發行的四枚一套的「孫總理國葬紀念郵票」，因該郵票僅印上南京中山陵，而沒肖像。有人不禁會問：由一九一二到一九二五年孫先生還在世時，怎不見印有他圖像的郵票發行？

一個可能的回答就是，該時段的內戰戰役繁多。自推翻滿清帝國後，在一九一三年時段，尚見英國印發的帆船郵票等的流通。之後因國內軍閥爭權、國共在抗日路途上分分合合，非常混亂，豈有餘力顧及旁務。孫像郵票在該時段完全絕跡，是理所當然的。另一重要原因是，孫先生當時的在野身分，尚沒儲足能量被視為最高領導人。況且孫先生他流離顛沛，到處逃難，時而日本、時而美國、時而英國、時而南洋。在這期間，他領導的組織，也多在風雨飄搖中掙扎，「中華郵政」是不可能在雲深不知處的時段發行孫像郵票的。

表一（頁七六）所提供的另一訊息，是由圖表1內摘錄出來有關郵票印務公司的

資料。在一九三七年日侵前，各類出廠的孫像郵票仍保持著原始面貌；這主要是指倫敦於一九三一年所印製的孫像郵票。雖早至一九一三年的帆船組郵票便已實行限區使用制度，例如受限的吉黑兩省、滇省、新省等，那是屬本土的加蓋。割土的加蓋是在日侵後才出現的，它出現於所有新、舊版的孫像郵票，當然也包括日侵前的所有版本。

從郵票上或實寄信封上的註銷郵戳所看到的是：縱使處於戰爭時代，由國民政府管轄區寄發的信函，所貼用的孫像郵票是原始票。雖也有更改面值等的加蓋，卻不可能有宣誓屬土的加蓋（阮關逸，一九九九）。反過來，由日控地區寄發的，多具有屬土加蓋。至於該類信件會不會遭國民政府的中華郵政退回，則有待研究。

從圖表1所臚列的印刷孫像郵票的機構可看到，孫像郵票的版本名目繁多。其中甚至還有送到外國付印達四、五次之多，可謂無出其右者。承印孫像郵票的公司，在國外就有兩家，倫敦和紐約是比較主要的。當時的英屬香港，在那兒營業的中國書局如商務、中華、大東，也承印了部分抗戰時段的郵票。在中國國內，發行及印刷郵票的主要城鎮有北平（北京）、上海、重慶、廣西桂林、福建南平。有趣的是，在一九四二年十二月有封從中國四川寄到美國的航空掛號信，貼用了兩個版本的孫像郵票：紐約版和國內大東版，以及英屬香港版的航空郵票；郵戳是重慶蓋的（阮關逸，一九九九：三九）。

至於「滿洲國郵政」、日治時代的「華北郵政」、「東北郵政」、「關東郵政」等，則在省區內的印務廠如「新民」印發。若加蓋也算是一種版本，孫像郵票的版本數量就更驚人了。上述表一所示一九四八年上海的好幾種加蓋外，還有廣西加蓋、重慶大東和中央加蓋等等。

因為避免戰禍，和國民政府遷都有關，由中華郵政管轄的郵票印刷工作，得送去不同的承印公司印發。例如一九三八年在英屬香港印發的孫像郵票，是因為日本的入侵北平（北京）而無法承印那一批郵票。政府遷都，中華郵政當然也相隨。

孫中山領導的國民革命黨於一九二五年在廣州另立國民政府，在任數月便病逝。政府於一九二七年遷都武漢。汪精衛與孫科、閻錫山等覺得和蔣氏道不同，不相為謀，便於同年宣布其等所領導的國民政府，與蔣介石領導的國民政府分道揚鑣。蔣氏在一九三七年退位，十一月林森繼任國民政府主席（至一九四三年）時，再遷都到四川重慶；留守陪都至一九四六年五月，故一九四二年的孫像郵票，就在重慶發行至一九四八年。

汪氏則於一九四〇年，接受已占領南京的日軍的獻議，正式建立了另一個「中華民國國民政府」或「南京國民政府」。[3]各年各版的孫像郵票加蓋「暫售」字樣的，便是這時段的產品。這些郵票就在日本占領區流通。

另從孫像圖案設計可以看出來，孫像郵票並不是因經濟不好而草草了事的。無論在抗戰、休戰、國共內戰時期，都曾把孫像郵票送到外國著名郵票公司承印。這些安排所傳達的意義很明顯，當權者深悉國人萬分敬重孫中山。

同樣的設計或圖案的郵票，也因印刷公司不同而造成版本的差異。承印公司不同，郵票也有高度、寬窄的版本。如一九四一年蒙疆的孫像郵票便有四毫分（mm）和五毫分兩種。

因時、因地而制宜的，郵票齒孔的度數亦是版屬分類的一個標準。比如不同公司的郵票打洞機，要打出同樣齒孔度數的郵票就不太可能。原則上，普通郵票的齒孔度數的上下限是十六到十。齒孔的狀況也可再分為粗齒、點齒和線齒三類。甚至無齒孔的郵票也有正式使用過，如一九四八年印發的中華郵政創立紀念郵票，便印發有齒孔和無齒孔兩類屬。香港版的一九四六年在廣東公安墟蓋銷的孫像郵票，也屬無齒孔一類。

雖說這僅是收藏家所關注的問題，不同齒孔度數的郵票卻也表露出承印地點的更改。就算同在本土印刷，有些郵票是有浮水印和無浮水印之分，如一九四一年廣東發行

3 重慶的國民政府，以及後來的人民政府，甚至現在兩岸的官方文書和學者，皆稱汪政府為「偽政府」、「偽政權」、「傀儡政權」；當時的日軍則稱之為「南京國民政府」。他們同樣稱滿洲國為「偽滿洲國」。其實，這些稱謂多是洩憤之用。當是非成敗尚在各政權的運籌帷幄中，必得決勝千里之外後，真偽才大白。不過，這個「真偽」在孫像郵票裡，現在看來才黑白分明：勝者已王，敗者已寇。

的孫像郵票是沒浮水印的，次年發行的則兩類都有。

在收藏家的行業裡，還會有其他的版本，如厚紙、薄紙、道林紙、絲絹紙等等，不勝其數。但我們所必須了解的卻是，孫像郵票的版本雖繁多，發行郵票的當局，政權也好，政府也好，就是要重複使用孫像郵票。誠然，在後期（一九四八—一九五〇）的共產黨解放區裡如東北、西北區，也已出現過好些朱德和毛澤東的人頭郵票。但孫像郵票還是在市面上流傳著。給版本繁雜化一個很好的解說就是，經濟因素除外，孫像作為一個認同的建構，最恰當不過。

總而言之，人頭的紀念性郵票，以孫像郵票最富有歷史意義。其歷史意義，除了來自原始郵票外，更多是來自郵票上的加蓋；有的是在原票上加印訊息（如「新嘉坡陷落」）、有的則是登出印證、有的是注明地區使用、有的是改值、更有宣示占領權的，真的林林總總。

## 加蓋屬土的孫像郵票

原始郵票票面上，有因各種情形而給予加蓋的，註銷印戳僅是一種常見的加蓋。從註銷的郵票上，正常的郵戳必定含有蓋銷地點和日期的訊息。這是所有國際郵票的銷票慣例。民國時代的郵票，卻出奇地出現其他花樣的加蓋，如欠資、郵資已付、改值、限區貼用、新幣制、地名或區域名等。民國初期的帆船郵票，很多都有改值和限區的加蓋。欠資和補資是一般性的，或非屬土的加蓋。改值（同類貨幣）的加蓋是屬於商業、財務的範疇，主要是反映出通貨漲落或調整。傳統上有些在經濟較落後，而必須給予保護的省分或區域，會蓋上限用的標示，如「限滇省貼用」、「限新省貼用」等，前面已表述過。

第一枚被加蓋非屬土的「暫作壹分」是孫像和烈士黃興像郵票，是一九三六年加蓋於一九三一／一九三二年倫敦版的郵票上。抗日期間（一九四二－一九四五），兩廣也有改值加蓋如「改作〇〇」的孫像郵票。這是說，加蓋可以是一個經濟課題。這類的加蓋，可歸類為原始郵票，而不算是領土誰屬的宣示。或可稱之為一般性的「非屬土」加蓋。

幣制的更換，可有屬土和非屬土加蓋的兩種。除了流通較普遍且較長久的本幣／法幣（即出廠時就印好的幣制）外，之後被蓋上的幣制還有「國幣」、「金圓」、「銀圓」、「制錢」、「基數」、「（無面值）」、「長城幣」等，在國際金融貨幣動盪的年代，為與國際掛鉤而調換本土法幣本位，這類調換幣制的加蓋應算是非屬土加蓋（阮關逸，一九九九：一八五）。

國民政府自重慶還都南京後（一九四六年五月十一日）所加蓋的是「國幣」；一九

四七年改用「金圓」；一九四九年的梅花版郵票則改用「銀圓」。「國幣」是日本戰敗撤離中國後國民政府所採用的幣值／幣制加蓋。「金圓／銀圓」則是國民政府在一九四八至一九四九年感到大勢不妙，準備撤退到臺灣時，所採用的臨時幣制。

人民危機意識並不能從沒註銷過的原始郵票，或非屬土加蓋的郵票中發掘出來；卻可以從原始或加蓋註銷的郵票上演繹得來。例如，幣制的更改，如從「國幣」改為「人民幣」，原則上是屬土的加蓋，是朝代替換的加蓋。

「屬土加蓋」的屬土是領土的意思，即在郵票上加蓋著特殊的用語、記號、地名，那表示該地已隸屬於加蓋的政權／政府／國家。沒被蓋上的，則該土地仍屬印發郵票的原來政府。從圖表5、6、7的孫像和烈士的郵票可窺見一斑。

把原幣改換成新臺幣或人民幣，卻是改朝換代的宣示。這是一般人民所了解的版本，集郵專家的分類更加複雜，例如「限臺灣貼用」的孫像郵票也有用「臺幣」、「錢」的。有些不印上面值的，得由有關的使用機關來決定之。

郵票上的法幣完全替換，是反映民心與國家認同趨向的一種指標。另一種指標是加蓋上獨特的術語如正楷的「暫售」，那是汪政府管轄區所採用的郵票加蓋，相等於日軍在孫像郵票上的隸體地名加蓋，這包括了隸體的「改作」、「暫作」加蓋。在所觀察到同時代的孫像郵票的加蓋中，僅有汪政府採用此類方法。國府在孫像郵票的加蓋多用楷書，「暫售」如上述，可能是例外，也可能是汪政府擬求同，以示對孫中山的尊敬。接著之後共產黨在長征時段，也曾用各類字體兼用手刻方式加蓋在沿用郵票上。

有些郵票也曾被用來當作政治宣傳，或心理作戰的工具，如一九四二年的加蓋：「抗戰禍國殃民，英雄和平救民」、「新嘉坡陷落」、「新嘉坡復歸我東亞」、「收復租界紀念」等（見圖表9）。這些動作，對拉攏人心方面會產生多少效果，應會是一個值得研究的課題，卻不是本書所能提供答案的。

總而言之，在各種加蓋中，我們比較著重屬土加蓋，因這類郵票暗喻著「皇權／軍權／管轄權」的存在及其運作，那是國家認同轉變的重要線索。

儘管孫像郵票在該二十年間不斷地被加蓋上各種類的郵戳，鉛華洗盡，還是洗不掉孫中山的形象。每一次的加蓋，似乎就意味著一種認同的建構，但國家象徵還是孫中山。

## 1. 中央國民政府屬土

原來的國民政府在孫中山逝世（一九二五）後三年的五月定都南京。日侵時遷都到重慶（一九三七）；日降後又回到南京（一九四六年五月十一日）。由於戰事日日新，能把每個政權的土地得失的正確月分／年代志下，那是另類的學問。我們在此僅利用假定去推論。

從郵票加蓋可看出蔣氏領導的國民政府當時（一九四二年十月一日到一九四三年一月一日）仍管轄著的地區有雲南的東川區、四川、甘肅、青海、寧夏、廣西、江西、貴州、陝西、廣東、湖南、湖北、福建、浙江、河南、安徽。在一九三二至一九四〇年間，給蒙疆郵票加蓋「限新省貼用」（倫敦版）的是原來的國民政府；後來日本控制華北時也沿用「限新省貼用」的加蓋與制度。換句話說，中央國民政府於剛遷都重慶時，還控制著十八個大郵區；後來就逐漸喪失了甘肅、青海、寧夏、江西、廣東、福建等地。

在日本投降（一九四五）後，蔣氏領導的國民政府在全國郵票上加蓋「國幣」，那是通貨膨脹的結果。其政治意味應是宣稱「中國已統一」，開始使用統一幣制。

同一枚孫像郵票，被不同勢力集團，在不同的時序裡被限區使用，大概具備財務和政治兩層意義。前者是政府擬阻止商家操弄郵票市場以牟利，以保護貧窮的偏遠地區、特殊民族地區的郵票價值。在民國初年，北京一法幣可折換三倍的新疆法幣。有些商人會把同面值的郵票，從生活水準低的區域（實銷僅三分一的面值），帶進生活費高的省分，出售之則利市三倍。早在一九一六年的北京一版的「帆船」、「農穫」和「宮門」郵票上，便已加蓋上「限滇省貼用」、「限新省貼用」的標示。

日本入侵後，亦沿用限地區使用的制度。例如一九四一年的「限魯省貼用」和「限冀省貼用」等。日本投降後，中華郵政仍繼續採用限區郵票。在一九四六年二月華北新民印刷的孫像郵票，仍蓋上「限東北貼用」的字樣。甚至到一九四九年，解放軍也隨票鉛印「限東北貼用」字樣；那是中央國民政府印發的。其他還有「限滇省貼用」、「限四川貼用」、「限臺灣貼用」的例子（見圖表2）。

限區貼用亦有其政治方面的意義。例如日本占領下，但已是相當發達的廣東省／廣州，也發行過「粤省貼用」、「粤區特用」的孫像郵票（圖表3：13、14）。這應是戰勝一方告知該歸屬（淪陷）區的人民，曰新主管已更換，這主管仍然尊重孫先生。

日軍投降後，國民政府重整旗鼓，掌握郵政大權。之後便廢止日治時加蓋有「華北」、「河南」、「蘇北」等字樣的孫像郵票（見圖表3）。與此同時，也停止使用汪政府加蓋過的郵票，如蓋上「暫售」字樣的郵票。不過，也有不少上述郵票被國民政府再次加蓋「國幣」字樣的（見圖表6）：還是孫像郵票；也是烈士郵票。

由於內戰時國民政府軍節節被逼退，社會動盪不安，通貨膨脹如無羈之馬，郵票面值也隨市價沖天，金圓和尾隨的銀圓面值的郵票便紛紛出籠（見圖表7），以安定和補救面臨全盤崩潰的金融市場。時近一九四九年終，中華民國政府撤守大陸。

此外，國民政府的「中華郵政」於一九三八年委託了英屬香港的中華和大東書局承印了大量的孫像郵票。其中亦出現有改值的加蓋，如「改作」或「暫作〇分」的字樣（見圖表3：03-08），但沒有加蓋日治的標記，如以隸書字體書寫地區／地名。確定要使用它的發行政府，須作推敲。該時日軍已占領華東、華中各省市如上海、南京、東川、浙江、湖南、甘寧青（甘肅、寧夏、青海）、江西、福建等（阮關逸，一九九九：三一—三三），在一九四〇至一九四二年間郵票上的「暫作」和「改作」的加蓋，按理應是日軍或汪政府所為。[4]

誠然，郵票僅能提供一個輪廓，一個縮影，畢竟那是蒐集者所獲致的那枚。真正的細節，還得與歷史文件比對。

**表二　郵票所揭示國民政府特定年代的管轄區**

| 年代 | 省／縣／市 | 見證郵票的版次／特徵 |
|---|---|---|
| 一九三三—一九三四 | 除日治的滿蒙、東三省和租界外，國土應覆蓋其他省分 | 倫敦一、二版<br>主要加蓋為「限區貼用」 |
| 一九三八／一九四〇[5] | 上海、東川、浙江、湖南、甘寧青（甘肅、寧夏、青海）、江西 | 香港大東版／無加蓋 |

| | | |
|---|---|---|
| 一九四一 | 福建（年底前） | 香港大東版／無加蓋 |
| 一九四三 | 桂（廣西） | 木刻印 |
| 一九四三 | 杭（州） | 木刻印 |
| 一九四五—一九四八 | 臺灣 | 「限臺灣貼用」 |
| 一九四六—一九四九 | 上海、雲南 | 「金圓」和「銀圓」的加蓋 |

資料來源：阮關逸（一九九九）。

4 另一解說是，上述好些地點雖在一九三八年已被日軍占領，但郵政業務尚沒得及時更換，直到一九四〇年十月為止。例如上海，該市更換郵政是汪政府在一九四三年才進行或完成的。其他東北及華北的郵政接替，應也同樣稍微後進。以偏概全的想法也可採信：那是以為某省的某地被占領，就等於全省的陷落。好比說，日軍入侵某城市，如上海直隸市，並不意味著日軍也同時占領了上海原屬的江蘇省。這批改值孫像郵票可以是日軍、汪政府，甚至在重慶的國民政府的加蓋。同屬本注解的是，雲南省也有個「東川」。

5 一九三八年是「占領年」，一九四〇年是指郵票發行日期。

## 2. 日本皇軍占領區

日本人原已因「中日甲午戰爭」勝利而強迫清政府簽下《馬關條約》（一八九五），獲得了遼東半島、山東的威海衛、臺灣，和臣服清廷的朝鮮半島等地。他們在中國東北擁有龐大的經濟和軍事實力，在一九三二年又扶植了「滿洲國」來擴充政治影響力。

最終，日本皇軍於一九三七年七至十二月，分別攻占了華北的張家口、歸綏（即呼和浩特）、北京、天津。同年在華北區建立了皇軍「臨時政府」。次年八月成立了「華北郵政總局」和「新民」書局與印刷廠。隨著占領的省市增多，郵票的屬土加蓋也跟著擴大。

日本沒在蒙、疆自治區駐紮大軍，但在一九三九年促成蒙、疆成立「蒙疆聯合自治政府」。它在行政上具有巨大的權力，當然也接管了郵政。這三區本有印行土制郵票（見圖表1：20-21），只是流行不廣。在印刷技術和紙質方面，都比較遜色。其中，自治政府曾在一九四五年嘗試給冀、晉、察省區發行印上蒙古文的香港版孫像郵票（見圖表1：20-21）。稍後加蓋紅字「暫用」，卻因日本投降而來不及發行。當中共解放軍於一九四八年進入時，又在同枚郵票上加蓋「冀、察、晉」（含義是「限用」）字樣。

這個「聯合自治政府」於一九四一年六、七月開始陸續發行正式的郵票，主要的還是孫像郵票，應是舊票再用。一般上是以隸書加蓋地名、區名如「蒙疆」或「蒙疆＋面值」等。除孫像外，也加進辛亥革命六名烈士的圖像。

上一節提及和認定，那一批一九三八年香港印刷的改值孫像郵票，應屬日軍或汪政府所策劃。用「暫作〇分」的字樣的加蓋（見圖表4：03–08），是比較接近汪政府的「暫售」式樣。換言之，加蓋「改作」的改值的那一批孫像郵票，應屬日軍的一類（見圖表3和注4）。

在盧溝橋事變次年（一九三八）十月，日本也占領了廣州、廣東省和沿海的城市。但遲至一九四二年，才在這些地區發行加蓋「粵區特用」和「粵省貼用」的郵票。郵票的圖像也是孫中山及烈士的（見圖表3：13–14；圖表6）。

日本在一九四五年投降後，所有屬土加蓋的郵票便停止流通，或被再加蓋或覆蓋後再上市（圖表4：9–10；圖表7：1、2）。

總結本節所述，日軍原則上會在侵占地區內，或局限性地自印郵票，如在滿洲國所為。或在更廣的占領區內把舊郵票給予屬土加蓋。這些舊郵票包含了倫敦版、香港版和紐約版的孫像與烈士郵票（見表一；圖表7）。屬土加蓋所用字體為隸體。當然，也偶有已印就而沒公開發行的郵票。茲綜合上述列表如下：

表三　郵票所揭示特定年代的日本占領區（一八九五—一九四五）[6]

| 年代 | 省／縣／市 | 見證郵票的加蓋／特徵 |
| --- | --- | --- |
| 一八九五 | 遼東半島、山東威海衛、臺灣 | 《馬關條約》下割讓的 |
| 一九三一／一九三二 | 東北三省「吉、黑、遼」、旅（順）、大（連） | 加蓋「東北」滿洲國郵政 |
| 一九三七／一九四一 | 內蒙古、新疆、晉北、察南、張家口、歸綏、北京、天津、上海、南京、河北、河南、山東、山西、蘇北（江蘇）、浙江、安徽 | 加蓋「蒙疆」、「華北」或個別省、市名等如蓋「蘇北」等 |
| 一九三八／一九四二 | 廣州、粵省、海南、汕頭等 | 加蓋「粵省貼用」、「粵區特用」 |
| 一九三八／一九四三 | 上海、南京 | 加蓋「暫售」 |

資料來源：圖表1。

## 3. 汪氏國民政府管轄區

原來於一九二八年定都南京的中央國民政府，由於日軍迫近，而於一九三七年遷都武漢，然後再遷至重慶。與蔣氏決裂後的汪精衛又於一九四〇年三月三十日在日本統治下的南京組建了另一個「國民政府」[7]，一般的歷史認知是用以抗衡蔣氏領導的國民政府。

汪氏於一九四三年接管了「中華郵政」的郵政事務。所發行的也是孫像加蓋的郵票，所加蓋的是楷書漢字「暫售＋面值」（見圖表4：01、02、09、10）；主要貼用地區為南京、上海（見表三）。在一九四三年的孫像郵票上，還蓋上「收回租界紀念」字樣（圖表9）；這些租界包括天津、上海、蘇州、杭州等。汪政府是以「中華郵政」的名義來刊發這類紀念郵票的。所用的還是中華民國年號，如那加印在收回租界郵票上的：「三十二年」（即一九四三年）。

那些郵票是在一九三八至一九四三年印就，卻被庫藏的孫像郵票，目的大概是用

---

6「年代」欄所載如是多年分（一九三一／一九三二），則前一年分是「占領年」，尾隨的年分是指郵票發行日期。

7 其實，圖表3：14的加蓋字體是楷書，和汪政府加蓋「暫售」是同體。

來應急。這些舊郵票，除小部分是一九三一年倫敦印刷的之外，大部分是一九三八年香港製作的各版本（中華、大東等），以及一九四一年紐約印製的孫像郵票。後來，那批港印和紐約印的孫像郵票因改值而加蓋，用不同字體書寫的「暫作」、「暫售」字樣加蓋，如前節所推定，那應是汪政府所執行的（見圖表4：03-08）。

這些舉動，也可能含有政治意圖，因為汪氏曾是孫先生、林森領導的國民政府的要員。該政府亦在一九四三年發行過以正楷加蓋「粵區特用」和「粵省貼用」的孫像郵票（見表三；圖表3：13、14）。

這類屬土加蓋的郵票，雖在日本投降後便已停止使用；但市面上還流通著一些被再加蓋（覆蓋）的日治孫像／烈士郵票（見圖表4：09-10；圖表6：04）。在郵票的流通上來看，全中國既開始用回一九三七／一九三八年以前通用的孫像郵票，中國又見另一次的全國統一。

若這些孫像郵票曾大量飄洋過海到南洋，那兒的華僑必也會雀躍萬分，普天同慶。但是，他們中有多少會知道，日本投降前八年，孫中山的形象卻被不同的勢力集團操弄著。那時段華僑們的國家認同顯然不真實，是虛擬的。

原始孫像郵票重返郵壇不久，另些具同樣性質的加蓋卻出現於好些鄉鎮地帶或邊區。那就是中國共產黨的屬土加蓋。

## 4. 人民解放軍解放區

中國共產黨是由蘇俄扶持，於一九二六年在瑞金創立的。遠在長征時段（一九三四年十月至一九三六年十月），中共也曾兩次和蔣氏領導的國民黨聯合抗日過。日本投降後，國民政府雖重掌郵政大權，卻也重啟國、共長達五年的內戰（一九四五年九月至一九五〇年六月）。在內戰時段，中共解放軍節節勝出，征服（解放）了、也同時接管了郵政區，這包括山東（一九四四）、東北、華東區（一九四四—一九四七）。在一九四八年八月，解放軍成立了華北區郵政總局。在日益擴大的中共解放區域裡，從一九四六年起至人民政府成立前，從華北到西南、華中、華南，就已開始使用加蓋「人民政府郵政」的孫像郵票（見圖表5）。

新中國雖然正式成立於一九四九年十月一日，但尚未完全平定西南、華南的國民政府殘餘部隊。人民政府仍然售賣銘記著「中華郵政」的孫像郵票至一九五一年，直到一九五四年才完全停用孫像郵票。可以想像到，該類郵票必得加蓋「人民郵政」。這種作為，除了財務問題外，中共大概也以孫像郵票來建構臨時的國家認同，以它來安定民心。當時的政治術語是「統戰」。

在人民政府正式成立之前，各區亦曾發行過一些地方性和土制，如膠雕、木刻的簡單郵票。比較早期的就有一九三八年銘記「臨時郵政」所發行「抗戰軍人紀念」的郵票，並標明限「晉察冀邊區」使用（eBay 2013/7/2）。此外，一九四六年解放軍的「蘇皖邊區郵政」等也印行過毛像郵票等。在當時（一九四九年三月）的西南邊區，多用有銘記「中華郵政」所印就的「限東北貼用」的孫像郵票。加蓋多用繁體、楷書、紅字（見圖表5）。[8]

到一九四九年七月，解放軍完全接收「中華郵政」的發行權後，便在前政府印就的郵票上，加蓋「人民郵政」、地區名如「陝西」、「甘」、「華北」、「華東區」、「隴南」、「江西」等等；也沿用限區郵票，如蓋上「限新疆貼用」、「晉察冀遼熱」字樣的便是。由於時至一九五〇年，東北三省仍沿用舊幣制（金圓），當年印發的「中華人民共和國開國紀念」郵票便有兩套，幣值較低者（八百至三千圓）全國通用；較高額者（三千至三萬圓）則印上「東北貼用」字樣。

一般而言，該時段的加蓋郵票也以孫像為主，尤其是指原國民政府的「中華郵政」的上海大東一、二版，上海中央版，和重慶華南版的金圓面值票。面值也曾加蓋過「銀圓」、「錢」或「人民幣」。其他的還有「東北幣」、「中州幣」、「臺幣」、「本幣」（該是指本地幣）等，皆有異於原票上所印的，或舊加蓋的「國幣」。

也許是巧合或我們資料不足，英帝、港英、美資所印刷的孫像郵票，卻沒被人民政府用上。

雖然在一八六〇至一八九九年，尤其是從一八七〇年起蘇維埃聯邦成立後，俄國在北京、天津、張家口、上海、煙臺、漢口等地都設立有郵政局，也發行郵票，由於在郵票上無法察覺到它們在中國人民的國家認同上的影響，只好略去。

總結上述，可歸納為四大點。其一：孫像郵票可以被視為一種國族象徵，或認同標誌。其二：強烈的國族認同多產生自國家陷入危機之際，內戰帶來的多是社會動盪。日軍深悉其可能的效應，遂沿用孫像郵票來淡化中國人民的亡國奴意識。另一手法是以「南京國民政府」來混淆「重慶國民政府」，因它也以「中華郵政」名稱發行孫像郵票。

其三，國共內戰期間，或人民政府正式成立之前，中共除了自印的些許郵票外，在某些接管區（解放區）也開始使用國民政府庫存的孫像郵票。其四，中共在一九四九年創立了新中國後，仍得和雲南省的國民黨殘餘部隊作戰，故在新政府成立後五年，也還在沿用孫像郵票至一九五三年。

---

8　那時簡體字的應用尚無規範，但一向在民間本來就相當普遍。由漢語拼音所規範的簡體字的制度，是新中國在五〇年代才訂立的。

## 孫像郵票在馬來亞

在中國近代史裡，國家認同被建構，又再被建構，人民當感到難以適從。遠在重洋的華僑，他們那時代的國家認同又會是怎麼樣的呢？從唱愛國歌曲的角度去觀察，早期馬來亞華僑之國家（祖國）認同，不乏虛擬之建構。我們並沒掌握孫像郵票在馬來亞的效應，但似乎可推測如下：

在一九五〇年代的馬來亞華僑學校，有關中國近代史的部分，平鋪直敘、非常簡單的一家言：孫中山領導的辛亥革命，推翻了滿清皇朝，建立了共和國；孫先生就任中華民國的第一任大總統。之後，蔡鍔從雲南起義倒袁、蔣委員長北伐北洋軍閥、中國大統一。大學時代臺灣的近代史課本，稍微詳細一點，有所謂的剿共、國民政府播遷臺灣、殺豬（朱德）拔毛（澤東）、毋忘在莒、反共復國等的敘述。

實際上，當時就讀大學的華僑屈指可數，中學的歷史課本所載的近代史，盡是國民政府所提供的。他們既是華僑，心目中的國家認同（或祖國）象徵，很自然的便是孫中山、蔣總統、青天白日滿地紅的國旗和國徽。新中國成立之後因多年閉關自守，故有鐵幕之稱，海外大部分華僑所能認同的自然是孫中山。

華僑中，他們有幾人會知道孫中山在南京都城就任「臨時大總統」後，（臨時）國民政府曾遷都北京（北平）、南昌、洛陽、武漢、廣州、重慶等地，戰後又還都南京？那是介乎於一九一二到一九四六年的事。其實，八國聯軍後從一九一二年到一九四九年的三十七年內，中國境內前後共有八、九個（有些過後合併）本土政權／政府／國家，俗稱山大王。在南洋的華僑，另又有殖民地政府、土酋和殖民國的認同象徵，真令華僑無所適從。略述其中佼佼者。

除了滿洲國外，其他十種權勢為：「中華民國臨時國民政府」、「中華民國北洋政府」（又名「北京政府」、「北洋政府」，一九一二—一九二八）、日軍創立的「中國維新政府」、日扶的「北洋軍團」、「中華民國臨時政府」、從國民黨分裂出來的蔣氏／汪氏武漢「國民政府」（一九二七—一九三八）、日扶的汪氏「南京國民政府」（一九三八—一九四五）、以國民黨蔣氏為核心的「國民政府」和「中華民國政府」、日扶的「華北政務委員會」、「蒙藏聯合自治委員會」等。政黨及政治組織也會令人眼花繚亂，華僑所熟悉的到底是「國民黨」（一九一二年一月一日）抑或是「中國國民黨」（一九一九年十月十日）？「國民政府」抑或是「中華民國政府」？

汪精衛從辛亥革命到三〇年代主持「南京國民政府」的時段，他的聲望在南洋也如雷灌耳。孫中山生前數次到馬來亞活動皆由汪氏陪同，他也娶了原籍檳城富商之千金陳璧君為妻。後者乃梁宇皐律師的表妹。梁氏在一九三二年受邀到汪氏主持的「南京國民政府」當鐵路局局長。更令南洋華僑側目的卻是，汪氏在一九三八年亦邀請了新加坡晚晴園的主人張永福入閣。張永福是孫先生生前所倚重的海外華僑和同志；而對張先生，甚至他的擁護者來說，汪先生的國民政府和孫中山的是一脈相承的。在一九四四年日治的華北所發行的孫像及黃花崗五名烈士郵票上，便加蓋了「汪主席葬典紀念」（見圖表9：06）。

當時在上海和南京印發的主要流通郵票，是孫像郵票。若當時沒有孫像郵票作證，汪政府的正統性可能會受到海外華僑質疑。簡言之，汪政府處心積慮地以魚目來混珠，以宣揚他的國民政府的正統性。汪氏可能另有盤算，但若不以孫像郵票作為國家認同的象徵，則對南洋華僑來說，他的政府的正統性就成問題。其他的盤算也很可能因此落空。

另一與南洋有關的孫像郵票便是加蓋有「新嘉坡陷落紀念」和「新嘉坡復歸我東亞」那兩枚。但後者不載孫像或烈士像。

若我們想知道海外華僑如何解讀孫像郵票，那就得查看自一九三一年到一九四九年，該類郵票有沒有用作航空郵票，不妨假定有：有信曾在一九四八年寄到過馬來亞柔佛豐盛港（Mersing）（阮關逸，一九九九：一二）；更有許多寄到歐美去。當時外國領事館人員，也把孫像郵票往外寄。這方面的資料的搜集，難度極高，因實寄信封遠比郵票的流量來得少。杜甫詩〈春望〉中有兩個關鍵字：烽火、家書，意指戰亂中獲得遠隔山海的親人報訊，是要等很長的時間的。若那家書須貼上郵票的話，海外華僑接到後，郵票上的認同標誌可已在雲深不知處，更糟的是已人去樓空：因祖國失土比郵遞還要快。

總而言之，在中國國內彷彿是一樣的月亮多樣情。而在南洋，則是多樣月亮一樣情。孫像郵票曾撩起了海內外人民的鄉土認同，真實虛擬都無妨。孫氏、蔣氏、汪氏也不必計較。

第三篇

# 錢幣

## 藕斷絲連的聯想

## 兩岸猿聲啼不住

作為國家認同的機制，歌曲、郵票、錢幣，在本質上可說是風、馬、牛，但卻具有共同的內涵和功能。首先，它們不僅都與中國近代史的脈絡分不開，且充斥了虛擬國家認同的例子。其次，它們都具有能為國家標誌迅速傳播開來的特定功能：普遍性、速遞性和持續性。

孫像錢幣包含了刊載有孫中山肖像的貨幣、關稅金、紀念幣等，其中有硬幣和紙幣兩大類。本篇的主旨是探討這些貨幣如何被建構成國族認同標誌，以及它的運作。為求更廣闊的視野及脈絡，名人的紀念幣也會略微涉及。

認同作為一個個人歸屬感的概念，可以泛指社會認同，其涵蓋了對個人身分地位、族群、文化、政治等認同，或一己對情景、群體或事物所產生的歸屬感；其乃有別於個人對一己的孤芳自賞、水仙花情意綜、隨遇而安的唯我感受。

在兵荒馬亂的年代，虛擬認同的文獻十分缺乏，更不必說田野資料如個人訪談。因此，個人認同的意向無法得知。比較可採信的是集體的認同意向，以及所在地的處境的標誌。所謂觸景生情，是指曾身歷其境，之後因景的出現或觸發而自然地投回該境的情懷。反過來，若個人之身不曾處其境，同樣的景也出現而受到感染，彷彿間還自以為設身處地，那類處境是虛擬的。那是籍機制而閉門環遊天下的感覺。

虛擬認同另有兩變異體。其一是，原雖在地，處境已被更換；為掩蓋事實，可設法引導原有境界的認同者持續其歸屬感。這或許是隨遇而安或愛屋及烏的心理。前郵票篇所述抗日時段的加蓋孫像郵票，便是一個例子。

其二是，雖處境已更換，因其標誌依舊，仍會觸發原有的認同，這應也是虛擬的。共和至國民政府、延安長征，和國府遷臺的時段及經驗，為此類虛擬認同提供一個典型的例子。雖然郵票篇亦有涉及此變異體，本錢幣篇將提出一個更落實、具體的例子。

這個例子其實包含原型和變型的方法論。原型乃指其景或處境雖已改變，若其情也隨著改變，對該景所生之情不一定是虛擬的。倘若其情不變依舊，對該景所生之情應是虛擬的。海外華僑唱愛國歌曲或閱讀武俠小說，就是這種型態。孫像錢幣在臺灣提供了又一種型態：國土標誌在演化過程中變得陌生。那是一種「梁園雖好終非吾家」的感想。那也是一種自以為是而到頭來卻是花非花的境界。例如刊印名人肖像的錢幣，袁世凱或孫中山，便曾出現過人面不知何處去，桃花依舊笑春風的認同。

## 從銀幣到紙幣

貨幣乃是一種買貨時所付給賣方的物品，那就是現代所謂的錢幣。它本身是沒什麼價值的，它之有價值是因為它有貴金屬，如黃金、白銀等支撐著的。具有國家法定地位的錢幣被稱為法幣，或國幣。當國家經歷大動亂時，其以金銀作等值購回國幣的能力便相對地減弱。但若當局改以等值貴金屬來支付，人民對那貨幣才會有信心。在中國近代史上，錢幣的改值以及改制頻繁到人民窮以應付。在郵票方面，比對錢幣而言，改值改制只是一個加蓋而已。在錢幣方面，則多以發行各類補充價值的證券，如金圓券等等，不勝其繁。

貨幣以白銀作本位在中國推行已有五百年，後在一九四八民國年代改用黃金作本位，很快地又回歸到白銀本位。因此，用在標示貨幣價值單位的，便有金圓券、銀圓券、法幣、國幣等等。由於被內外軍事勢力占據的省分多用自己的金融體系，清代以後的五十多年裡所流通各地的錢幣，可說五花八門；比起僅用加蓋方式改值的郵票，真是煩不勝煩。這些細節都會被省略掉。

錢幣資料主要的來源包含了中國清代，尤其是民國年代的實體錢幣、參考書、網路上的錢幣拍賣資料。而實體錢幣方面絕大多數是藝術仿製品、仿製樣品、臆造品、紀念品、現代流通法幣等。

贗品或假貨，原則上是拍賣行所關注的，有關以金屬成分／含量、體積、重量、包漿等來分辨硬幣的真假，或紙質來辨別偽鈔等的知識，對研究認同標誌的人來說，那並不是重要的一環。但研究者卻須試圖分辨出真假的部分，尤其是假貨品有否篡改發行年代。例如民國四年（一九一五）到民國七年（一九一八）的袁大頭不是法幣，而是仿製品。另外，張作霖的 One Dollar 龍鳳紀念幣，雖其龍鳳是沒握酒杯的，但以龍作圖案，懷清之情躍於幣上。

所有涉及的錢幣，其主要是指正面刻印著孫中山頭像的法幣：銀圓與紙幣。此章先通過民國時代由錢幣衍生出的國家認同，而後進入虛擬的認同。

民國的貨幣製作與流通在國家認同上所刻畫出的，是一個四分五裂的景象。尤其是在一九一一到一九四五年的數個時段，國家認同的更替是中國人自己造成的，而不太像涉及外來勢力如日本、蘇俄。在郵票的發行上，日本侵入後曾以郵票加蓋來處理中國人的國家認同問題。在錢幣的發行方面，認同標誌所遭受到內戰的影響卻比較大，不是一個加蓋便了得的。無論如何，被刻印在錢幣上的肖像，包含正面和背面，還是以孫中山像為最普遍。

銀圓發展史是相當複雜的，尤其是民國時代的。詩曰「兩岸猿聲啼不住」：這兩岸，一邊是北京的北洋軍，另一邊的是南京孫中山領導的革命軍；一邊是蔣中正領導的武漢、重慶的國民政府，另一邊是由武漢分裂出來，由汪精衛主持的南京、上海的國民政府；一邊是抗日的國民黨，另一邊是又友又敵的連俄、抗日的共產黨。這些不住的啼聲，都會影響到貨幣的發行。

政權多控制鑄幣場地，因此貨幣發行便會影響到人民的國家認同。從一九一二到一九三五年的二十三年內，中國國內便建立有十七家造幣廠，還有國外的五家。這十多家國內的鑄幣廠應是官立的，即對正面圖案的設計多少會有些規範。這是硬幣方面的情況。紙幣就不太一樣了，主要原因之一是，在涉及的生產技術上印刷鈔票要比鑄幣簡單，故私立的銀行也有參與其事，也就發行過不刊載著名人物肖像的法幣。至少有兩套貨幣是屬此類的。

本文所著重的時代是倒清後的共和臨時政府（一九一二—一九一三），北洋政府（一九一三—一九二八），中華帝國（一九一七—一九一八），國民政府在大陸（一九二八—一九四八）和其遷臺後的時段（一九四九—二〇二二）。所提及的錢幣，本文所考量的是它們的可用性，而不是該產品真偽或市場價值，但錢幣發行年代須符合文獻所載。這都必得仗賴專業書籍和各地的拍賣資料。網路資料雖五花八門，卻也偶有專業考究的書寫。

中國的銀幣是先有銀圓制，如大清銀（銅）圓和國民政府的銀幣制（法幣／國幣），之後轉換至金圓制，卻又回到銀圓制。金屬的轉換，一般上是取決於國際金屬市場價格的漲落。

清代的法幣，以硬幣，尤以大清銀幣和元寶為主。曾以兩、錢、分、圓為面值單位，如一九〇三年的「戶部一兩」，一九〇四年的「庫平一兩」，一九〇六年的「丙午中字一兩」和一九〇七的「丁未圓制」等系列。清政府亦曾發行過光緒皇帝、李鴻章、慈禧太后等的載像的紀念幣，包括民間臆造品在內，都非流通的貨幣，它們應與認同標誌無關。勉強可以作為族群認同的標誌的，應是銀幣所刻上的滿文。不過，該代的硬幣多刻有象徵天子的（蟠）龍，如上述一九〇三、一九〇四、一九〇六、一九〇七年的鑄幣，皆採用蟠龍圖案。

在法幣發行方面，光緒像倒刻在一八九八（光緒二十四）年由西川發行的盧比（印度貨幣單位）銀幣上。據說清政府的目的在於把在當地流通有年的印度盧比取代過來。此事值得一提的是，該動作蘊含著的國族認同的真諦，那是光緒像取代大英國王像作為國土認同的標誌。這與臺灣在二〇一六年所提議從錢幣上移走孫像的訴求極為相似。

清政府在一九〇八年決定採用「光緒元寶七錢二分」，也還是以龍像為主題。甚至「大滿洲國」大同時段（一九三二－一九三四）和康德（一九三四－一九四五）五年所發行的硬幣，刻著的是花卉或龍像。或可說，滿洲人沿用漢族的「龍」作為天子、國家認同標誌，乃一脈相承。但已是民國年代，張作霖的龍鳳紀念幣，仍刻上龍像和暗藏的「王」字，豈無安坐龍椅的意涵？

## 袁大頭與其他銀幣

飛龍或龍座象徵天子的聯想，息息相關，已深入民心，不論族群。上述張作霖在民國十六年（一九二七）所發放的金、銀紀念幣，都刻上龍（鳳）齊舉杯同慶像。龍鳳本算民俗，此圖案實有玄機，已飛走的龍，和接上的鳳凰，都歡慶在一堂。龍鳳間所暗藏的「王」字，就能撩起這種聯想了。據說，這枚紀念幣的鑄模是由日本設計的，故有說來路詭異。清帝退位後，接任的總統袁世凱的復辟，僅是著先鞭。

袁氏該時仍擔任北洋軍大元帥。二年後即民國五年（一九一六）年底宣布復辟，要把中華民國的總統變回朝代的皇帝，改國名為「中華帝國」，紀元採用洪憲。其時也曾鑄造紀念金幣慶賀。

不過，其民國三年（一九一四）由國府所鑄造的銀圓法幣，壹圓和中圓（伍角）等，及在其民國五年過世後所鑄造的民國八年（一九一九）、民國九年（一九二〇）、民國十年（一九二一）的袁大頭銀幣，背面刻著的卻不是龍，而是嘉禾圖案。正面刻著的都是袁大頭。發行的銀幣所刻上的為「中華民國三年」。民國三、九、十年所用是中國製造的鑄模，民國八年則是英國鑄造的硬幣。收藏市場還出現有民國四年（一九一五）和民國六年（一九一七）的仿造品，若那不是當時冒充法幣的偽幣，那該是事後，或新中國成立後商人的炒作；其也應與國家認同無關，它們在建構標誌的角色上，事實上都被民國八年、民國九年、民國十年的涵蓋了。

有趣的是，袁氏在民國五年去世後，刻上民國八年、九年、十年的袁大頭銀幣，是否還是由民國政府發行，或是由他生前當過大統領的北洋政府？之後，由民國十五年（一九二六，孫中山逝世於民國十四年）到民國十六年北伐期間，由於各路軍閥派系太多，領導人又採用各類名堂和名號，政局非常混亂，任何貨幣似乎都夠不上國家認同標誌。可能因為軍餉的需求，民國政府在民國十六年發行了孫小頭銀圓。又隔一年，或國民革命軍北伐之後，面值伍角的小頭孫像銀幣取代了袁大頭。孫像只現側面，而其像比袁世凱的全正面來得小，故如此稱之。

孫像壹圓帆船銀幣是遲至民國二十三年（一九三四）才發行。但面值較小的孫像銀幣已於民國十六年流通了。那麼，孫像錢幣流通至民國三十八年（一九四九）國民政府遷臺時，共達二十二年。

此外，接任國民政府主席的，卻都僅擁有行政權，不握兵權，又非常短暫，人民缺乏歸屬感是很自然的現象。目前最需要的國家認同資料，是袁大頭發行及流通的十三年。如果當時全國都在使用袁大頭作為流通貨幣，至少在軍餉方面，袁大頭還不足以成為當時國家認同的標誌嗎？若果真如此，那幾位短暫的國民政府主席如黎元洪、唐繼堯、徐世昌、林森等，更不必考慮了。

袁世凱和張作霖都屬北洋政府，控制著北京和東北。到底這個政府能否激起當時全國人民的國家認同，不易說得清楚；但可肯定的，為軍餉計，東北的北洋部隊，以及其他軍閥所組成的政府，該不會認同在南京建都的國民政府。

張作霖繼任袁世凱成為北洋軍的另一位海陸大元帥，是在時隔十一年之後，即民國十六年。令人費解的是，北洋政府怎會沿用中華民國國號發行的好幾枚硬幣來慶賀他？這些硬幣包括了五十元／四十元／二十元等的金幣，和一枚像是法幣的龍鳳圖案一元紀念銀幣。其中，那一元銀幣僅刻上英文One Dollar，沒有中文，也沒日文，那就絕不是法幣了。充其量，那枚應僅是樣幣或臆造幣，卻有意無意中暗喻這天將會到來：弦外之音。不久，他在皇姑屯火車站被日本軍暗殺了。公子張學良繼任，投靠國民政府。因國民軍的將軍很多，而且他也實在太年輕，尚未達致國家認同標誌的層次。

僅此一事例，可說民國錢幣的發展史是相當複雜的，它令人民面對何處是吾家的歸屬感無所適從。不過，在荒亂蕪雜的貨幣流通市場裡，雖說覆巢之下無完卵，碩果僅存的卻也還有，那就是穩定人民對國家認同感的孫像錢幣：它被廣泛的人民接受。

硬幣僅是其一。由共和、民國開始至小頭孫像發行的十五年內，繼之至孫像帆船的二十三年內的金融現象，亂中還算有序。往後的民國紙幣的發行，則更混亂蕪雜。相當意外的，孫像紙幣可說一枝獨秀，一直漂流到淡水鎮；且在那兒風光了至少半個世紀。其他的紙幣，可以說無與倫比。

# 孫像銀幣與紙幣

中國用來作為貨幣本位的白銀，大概也包含其他次等的金屬，如銅、鎳、鋁、合金。清代的元寶、通寶、銀兩、銀圓便是較近現代的產品。當然也有像收據般的紙幣。附有人像的似乎應指晚清慈禧壽辰的紀念品。達官貴人如李鴻章等也發行過紀念金幣。

進入民國以來，先發行的是各類金屬的硬幣。在紙幣的名稱方面則有法幣、國幣、金圓券、銀圓券、軍用票、關金票、大洋券等等，不一而足。期間，銀行有國立的、省立的、地方私立的；另又有各類金融借貸公司。此外，中國共產黨發行過「邊幣」和汪精衛的國民政府也發行過「中儲券」，兩種紙幣還印上孫像。唯一沒採用孫像為圖案的是西藏發行的藏幣。藏幣有好幾個名稱如藏鈔、藏洋等。它早於一七六三年便自設有造幣廠，也都在發行自己的銀幣紙幣。而該時印度是大英殖民地，在科技、金融及文官制度上頗現代化，加上西藏往尼泊爾和印度闢有通路，故受印度影響很大。因此，西藏的郵政和金融都比較獨立，也孤立。

硬幣是多災多難的貨幣，其中銀幣則無以復加。在民國成立、復辟洪憲（一九一五—一九一六）、北伐（一九二七—一九二八）、日侵抗日（一九三一—一九四五）、國共內戰（一九四五—一九四九）所造成的動亂及遷都等，其予鑄幣作業的影響是負面和致命的。從一九一二年到一九三五年中國國內便建立有十七家造幣廠，可見影響之大。最致命的一擊是一九二九至一九三五年代國際經濟大蕭條，全球金融市場崩潰，導致金銀價格大漲。期間美國禁止私人擁有黃金和白銀，人民遂走私白銀牟利。國民政府便把鑄好的銀幣都收回熔掉，轉改發行已稍有腹稿的紙幣。

在該時段鑄造的硬幣約有兩大類，慶賀的紀念幣和市場流通的法幣。紀念幣亦有黃金和白銀兩大類，有些甚至還刻上面值。開國元勛、就任總統、在任元帥、督軍等多熱衷於鑄造紀念幣。

紀念金銀幣畢竟不是貨幣。第一枚法幣乃是正面刻有袁世凱大頭的銀幣。在銀幣時代，不論版本，面值或承鑄的國內外公司，所發行的四款袁大頭流通了幾乎十二年（民國三年至民國十五年）。之後，新鑄的銀幣都一致換新裝，即刻上孫中山的肖像：有正面的、側面的；有大頭的、小頭的。如孫中山的帆船銀幣，原共有五（或六）個外國鑄幣公司提供了五類樣幣，最後僅有兩類設計被採用：民國二十一年的三鳥帆船壹圓，和民國二十二、二十三、二十四年的帆船壹圓銀幣。無論如何，銀幣正面都刻有孫中山肖像。

圖表10所示乃刻有袁世凱（民國三年）和孫中山（民國十五年）肖像的面值壹圓的法定硬幣。後者似乎未正式流通過，其遭遇如同隨後的帆船硬幣一樣。此外，於民國十七年（一九二八）在甘肅省發行的孫像，背面刻有黨徽的壹圓銀幣（見圖表10），也應未曾在全國流通過。這枚值得一提的是它似乎是省屬的錢幣，一如限區使用的郵票；其他的用途則有待考證。目前能證明的是在國族認同方面，孫中山那時的影響力已進入回族居多的省分。那也可以說五族共和並不是虛無的政治手腕。

如同袁世凱，孫中山也曾在民國建立後發行過紀念性的金幣。但其第一套法幣卻是在民國十五年的嘉禾（背面）幣。有說孫中山親自給設計建議，那應是民國十四年之前。孫中山逝世於民國十四年（一九二五），而國民政府在次年第一次定都廣州，也是第一次把鑄模廠設在廣州。很快地又遷都南京。三年後又在天津的造幣廠重開爐灶，正式把那壹圓銀幣鑄造出來。豈料當時美國開始嚴控狂漲的白銀價格（直到民國二十四年／一九三五年），也逼得國民政府把市場上的銀幣都收歸國有，更不可能正式流通。無論如何，樣幣也好，臆造幣也好，贋品也好，那枚民國十五年的嘉禾壹圓幣正面刻上的是孫像（見圖表10），其嘉禾的圖案與袁大頭的不盡相同。

屬此類的冒牌貨幣之多是不在話下的，但不妨暫信其真。但那段時間的孫像帆船銀幣，作為認同標誌，卻是模棱兩可的。其一棱是假定民國十五年的孫像壹圓銀幣，在發行很短時間內也被收為國有；要不然，其相距袁大頭的民國十年的發行，不會太長久，故未能挑戰袁大頭幾達十二年的國家認同標誌的流量。相關的國家認同也因此得加以修正。

若旁證也可被採納，如拍賣行或古玩店，那麼至今尚未看到拍賣行拍賣過那枚民國十五年的壹圓孫像銀幣（見圖表10）。網站的古玩店有叫賣，所叫的是地攤的價格。換言之，臆造幣的可能性遠高於漏網之魚或合法的樣幣。無論如何，那時段流通的真假孫像銀幣與國家認同的關聯，實有商榷的餘地。

民國二十二到民國二十四年的帆船銀幣自然也遭同樣的惡運。處於這類政權劇烈動盪的時代，不論何處鑄造的硬幣，是否能及時停止發行，甚至流通後能收回多少，那本是錢幣收藏家的關懷。但它亦會導致人民對該段集體回憶的淡化或消失。不幸中的大幸，當內戰、抗敵的戰火停息後，重利的商賈，對這些銀圓的大量臆造、仿造，這卻無意中活化了，甚至強化了該段的國家集體記憶。

一言以蔽之，在國家認同而言，鑄刻有認同標誌的，即孫中山肖像的銀幣，假定也曾真正以法幣地位在中國國內流通過九年（民國十五至二十四年／一九二六至一九三五年），與流通已十二年的袁大頭相比，的確尚有段差距。這還沒把面值壹圓的開國紀念幣算進去。若硬幣流通的久暫，可反映出人民的國家歸屬感，袁大頭比孫像幣要更勝一籌。不過，孫中山的遺照卻在民國十七年（一九二八）給轉印在合法的紙幣上，一直到國民政府遷臺，共約二十年。也算失之東隅，收之桑榆，孫像仍未在舊中國的人民的集體記憶中消失。

清民之際，大清銀行發行過「李鴻章像券」的伍圓兌換券。民國年代（一九一一—一九四九）在中國發行的紙幣則共有三千多種，無法把所有的都給以辨分真偽。

民國三年在袁大頭銀幣發行同時，上海的交通銀行已發行的伍圓憑票匯兌券，和民國六年由上海的私立中南銀行發行的紙幣，其正面左右所刊印的為兩名象徵著漢、滿婦女頭像；兩枚都沒有孫像。民國十年，在上海的私立震義銀行的伍拾圓，和天津美商花旗銀行的壹圓，都沒用孫像。

孫中山逝世後一年，如前述，民國十五年所發行的孫像「銀幣」已遭政府回收。民國十六年，上海的私營中南銀行發行了一枚拾圓券，券上印上「憑票即付國幣拾圓」字樣（見圖表11）。次年，國民政府在上海的中央銀行也發行有同樣可以兌換的拾圓紙幣。這枚印上的國家認同標誌是孫像，它是刊在背面而不是正面。民國十九年，又發行了每枚面值伍圓的紙幣（圖表11）。這些「憑票即付」的紙幣的法定地位尚不清楚；它們恐是臨時替代性的貨幣。

不論兌換券算不算合法貨幣，值得探討的有兩點。第一是，那年代比較流通的貨幣應是銀幣，那袁大頭若不是唯一的，也應是最受歡迎的市場通貨。第二，那年代，不是所有紙幣都載有孫像。

民國二十四年（一九三五）十一月，國民政府正式執行法幣（國幣）金融政策，而發行了面值壹毫的紙幣。隔年發行的壹圓紙幣「紅牌坊」（後轉色為黑牌坊），卻僅注明「中華民國二十五年印」；正面所刊載的是山東曲阜「萬古長青」紅色牌坊。背面也沒孫像。那似乎是中央銀行在民國二十五年銷毀所有銀幣後發行的第一枚。值得一提的是，這枚倒是拍賣行炙手可熱的收藏項目；成交價為人民幣六百萬元。

另外，民國二十五、二十六年（一九三七）在上海中央銀行發行的兩類拾圓紙幣，也許因北伐及遷都在時間上來不及處理，也同樣沒注明「國幣」。之後在民國二十五、二十六年分別由中央銀行和中國銀行發行的拾圓紙幣，沒用中文注明「國幣」，卻在背面用英文注明「National Currency」；目的應是為外國人而設。至此，紙幣的發行在那年代已夠混亂了。

中央儲備銀行在民國二十九年（一九四〇）發行的壹圓、伍圓、拾圓，和中國銀行的拾圓紙幣上是注明了「中華民國國幣」（即法幣）。隨後在民國三十四年（一九四五）、民國三十六年（一九四七）由中央銀行發行的壹仟和壹萬圓的紙幣上，就沒注明是「國幣」了。

總之，民國三十一至民國四十一年（一九四二—一九五二）是錢幣鑄造或流通最混亂之時段，印鈔票的金融機構林林總總有十多家。在民國三十四、三十六年所發行紙幣的面值，高得驚人：分別為壹仟、壹萬圓。在民國三十八年（一九四九），因其特殊的貨幣及經濟政策，新疆銀行發行了一款僅流通了半年的紙幣。這張紙幣的面值為陸拾億圓，正面尚注明它可折合金圓券壹萬圓。據說，那面值在當時的上海僅能買到一盒火柴，或七十多粒白米。那是一張印有孫像和維吾爾文的紙幣。

國民政府於遷臺前，或收復臺灣後，在臺的臺灣銀行於一九四五年底曾發行了壹圓的紙幣。孫中山的肖像都被印在正面的紙幣上。

至此，我們也僅涉及兌換券和一般的法定國幣。要把其他種類的錢幣也引進來，真的有雲深不知處的感覺。我們恐怕也只能稍微介紹一下刊載有孫像的其他貨幣如下：

## 關金券

關金券即今日的海關課稅券。早在民國十九年（一九三〇），中央銀行便發行有各類面值的關金券：拾分，貳拾分，壹圓，伍圓，拾圓；都印有孫中山肖像。較後在一九四〇年代，政府發行了貳仟圓面值的關金券。

從一九三一到一九四八年，國民政府總共發行了四十七種關金券。關金本僅是貨物入口稅金，不是流通貨幣。但在一九三〇年的上海它可以以1：10－20的劣勢比率轉換成法幣。另在一九四八年八月一日，政府以金圓代替了關金／大洋券。市場的關金券兌換率是一金圓＝十五萬關金券。

## 銀毫券／毫銀券／省毫券

民國二十至二十一年（一九三一－一九三二），國民政府遷都至廣州。在一九三二年一月一日，廣東省銀行發行了面值伍圓的銀毫券；民國二十四年（一九三五）發行壹毫銀券。以廣府話來說，一毫洋＝一毫銀＝一毫子＝一毛錢，是印有孫中山肖像的。

## 金圓券

在一九四八年八月一日至一九四八年八月八日期間，國府宣布廢除法幣（國幣）和關金券等，以金圓取代之。隔一年六月，金圓券被廢除，代以在廣州的廣東銀行所發行的大洋券。當時的金圓券市價是六十四萬元只換得一港元。

## 大洋券

國民政府在大陸發行的最後一套法幣，是廣東銀行在一九四九年六月六日所發行的大洋券。正面所刊是孫像，面值有壹圓、伍圓、拾圓、壹佰圓等。但其在廣東流通時間很短，只有四個月又六天便被收回。據說國民政府於一九四九年十二月完全撤離大陸之前半年，遺留在廣州某銀行，以及儲存在臺灣高雄的，還沒開箱的大洋券便有七百多箱。

以上所描述的該時代的各類兌換券、法幣的發行，以及龐大的通貨膨脹現象，非本文所關注的。我們的焦點是在那種政權、社會和金融空前動盪的年代，國家認同的標誌孫像，是否具有力挽狂瀾的功能和效應。至少，孫像也是一種信心。可更正確地說是：虛擬認同在那瞬息萬變的年代何所指？

## 淡水日落

在漫長的二十多年的猿聲不斷啼叫中，國民政府的輕舟已悄悄地漂流至淡水鎮，也把圍繞著孫像的集體回憶攜帶到臺灣；但猿聲仍不絕於耳。孫像的銀圓郵票已早一步抵達，刊有孫像的關金錢幣隨後開始在金門等外島和淡水流通。

在一九四九年國民政府經由臺灣海峽進入淡水之時，該批人民的歸屬感開始漸入虛擬狀態。該時，兩邊人民，尤其是分離的家庭，幾乎斷絕來往。接踵而來的就是思鄉、懷舊。當時的外省人聚居的眷村，把他們在舊日家鄉的集體記憶留住、延伸，藕斷絲還連。透過淡水落日遙望家鄉，雖說無限好，卻是近黃昏。想念中的家鄉的實況，也隨著時光流逝而逐漸偏離。他們的下一輩在七〇／八〇年代，更是無鄉可思、無舊可懷。

長江之水如何從天上來？一種能把老一代都聯繫在一起的，意料之外，卻是印有孫中山肖像的錢幣。也有老兵們攜帶而來的孫中山和袁大頭的銀幣。在一九八七年兩岸開放交流之後，虛擬認同若隱若現。老兵一代的多尋根去：到南京中山陵，到廣州黃花崗。年輕一代的對中山的印象卻是「雲深不知處」。雖然愛國歌曲和孫像郵票在建構虛擬認同上並不明顯，這可能由於資料尚有待發掘，但為了敘述脈絡，應略作介紹。

## 愛國歌曲與孫像郵票

若在一九四九年從大陸遷徙到香港、臺灣的「移民」也可算是華僑，那麼用孫像錢幣來測試這些移民的歸屬感，尤其臺灣的，似乎更有效。那兒的移民不唱抗日的愛國歌曲，也不唱流行於南洋的中國民謠如〈萬里長城〉、〈嘉陵江上〉、〈中秋怨〉、〈青年航空員〉，更不會唱〈何（賀）日君（軍）再來〉。

在郵票方面，臺灣與大陸本土似曾一脈相承，卻若即若離。在光緒十四年（一八八八）三月二十二日，大清的巡撫劉銘傳在臺正式創辦「臺灣郵政總局」。不過，該局已印就的龍馬郵票（面值制錢二十文），以及在清代加蓋上「臺灣郵票」四個字小龍郵票卻沒發行流通。那時比較通用的是，無人像或圖案的三聯（收條／郵票／存根）合一的「郵政商票」或「公用郵票」。

在一八九五年，大清簽署《馬關條約》，把臺灣割讓給日本。同年臺灣民間領袖劉永福反對割讓，乃創辦了「臺灣民主國」，並於七月發行了三次（第四次未流通）印有獨虎圖案及「臺灣民主國」的郵票，幣值以「錢」計算；並印上「士擔幣」，即英文的

stamp音譯。顯然的，這國與其認同標誌僅是曇花一現，談不上國家認同。

日治臺灣五十年中流通的郵票是由「大日本帝國郵政」發行，比較普遍的是一套安置面值於正面的郵票，各面值著上不同的顏色。滿洲國治理東三省時，「滿洲帝國郵政」至少也發行過印有溥儀像的郵票。日治臺灣時或有被印上人像的郵票，但似乎沒流通過。看來，當時的臺灣居民的國家認同標誌，或梅花或櫻花；似乎尚談不上標誌啟動的機制如郵票，如錢幣。

二次大戰結束後，戰敗國日本依約把臺灣交還給中華民國。臺灣沿用日治時代郵票，無齒孔，面值用日幣圓、錢、分；並給予加蓋「中華民國臺灣省」。尚沒有孫像郵票流通。

第一套由中華民國郵政於一九四七年發行的是孫像郵票，其面值從壹圓到貳佰圓，以農作物為背景；必須一提的是票面「限臺灣省貼用」字句是機印的，不是加蓋。隔年卻被加蓋「改作参佰圓」到「参仟圓」不等。另有一套以梅花為圖案的改值孫像郵票，同時加蓋「限臺灣貼用」，「省」字卻省了。這類加蓋的孫像郵票其實還有好多款。那應是臺灣還沒光復之前的郵政與政治情況的寫照。不論面值或圖案，機印的「中華民國郵政」字句或許會撩起人民的國家認同。對撤退到臺灣的外省人來說，這是一種認同的延續，是另一次的遷都。

東三省雖沒正式被殖民，但溥儀的「滿洲帝國」（一九三四—一九四五）在日本入侵時也使用過各類「大日本帝國郵政」的郵票，甚至還發行了刊有其肖像的郵票。該年代的滿洲國郵票還加蓋「康德九年」，「慶祝建國十週年」和「紀念新嘉坡／復歸我東亞」字句。戰後於一九四六至一九四八年，中華郵政在那類郵票上加蓋「中華郵政」。如那些郵票也流通到南洋，該地華僑如何去分辨和認同？

我們所關注的是，之前長期認同和族的臺灣人民，後來在風雨飄搖下，如何看待孫像郵票的到來。孫像郵票的影響肯定遠不及孫像錢幣的流通。

## 孫像錢幣

遷臺後的國民政府，除了發行面值低的鋁幣，高面值的依然是孫像紙幣，也流通了半個世紀。這群被稱為外省人的後代，在大陸尚未對外開放期間，除了從家人鄉親處獲得有關原籍的印象，加上就地的「毋忘在莒」的政治教育外，幾乎從沒涉足過「故鄉」。最靠近廈門的金門，也僅能遙遙相望。但他們都知道錢幣上刻印著的孫中山是誰，是從哪裡來的。那該是一個虛擬認同的例子。

在新環境裡，刻著大日本國國號的舊有昭和十年（一九三五）與十六年的飛鷹五錢硬幣尚在流通著。直到民國三十七年（一九四八）時，國民政府鑄造了刻有蔣介石側面像伍角，但未發行。隔年再發行的面值貳角的孫像鋁幣才開始流通。之後，中央銀行也陸續發行好幾種大小面值的孫像硬幣。圖表12所示便是一九五〇年至二〇一四年在臺灣流通的四類孫像硬幣，其中包含了民國三十九年（一九五〇）的貳角，民國四十三年（一九五四）的伍角，民國九十一年（二〇〇二）的伍拾圓，民國一〇三年（二〇一四）的拾圓。其中貳角和伍角的背面是一幅「臺灣省」地圖。其餘的背面圖案則無地圖。隨著時代變遷，面值數位也呈國際化，由漢碼的貳、伍變為阿拉伯數字的10、50。正統的「圓」卻沒被更替；但至少在民二十一至二十四年的孫像帆船銀圓中，有枚是採用「壹元」示值的。

在民國三十五年（一九四六）時，即收復臺灣後一年，國民政府尚未遷臺前，臺灣銀行已發行過面值拾圓的孫像紙幣。到民國三十八年（一九四九），其雖印就了幾種不同面值的孫像紙幣，卻被區分成全臺通用和限地通用兩大類別。限用的地區原則上是指臺灣的外島如金門、馬祖、大陳、澎湖。換言之，臺灣本島通用的錢幣，不能到外島使用。曾流通於大陳島兩年兩個半月的四種面值的孫像鈔票（壹角、伍角、壹圓、拾圓），由於國民政府於民國四十三年從該島撤離了二十八萬居民和軍人，該幣的流通便中斷。錢幣專家僅見兩套，拍賣叫價以百萬計。不過，金門島的同類孫像紙幣尚繼續流傳。圖表13所示乃「限金門通用」與全島都通用的面值壹圓的「新臺幣」。前者發行於民國三十八年，而僅限金門使用；另一張則發行於民國四十三年（一九五四）。限地使用主要是因本島與外島的生活水準非常懸殊。

在一九四九年所發行的面值壹萬圓的孫像舊臺幣，則仍流通至一九五〇年，其當時的市價僅值新臺幣一元。之後，刊印著孫中山的肖像，面值壹圓至壹佰圓的紙幣上，繼續在一九五四，一九六一到二〇〇〇等年分別發行流通。從一九八一年起，或許更早，刊有蔣介石肖像的紙幣新臺幣，如面值貳佰、伍佰、壹仟圓的，也逐漸發行流通。

但在民國八十九年（二〇〇〇）及之後的紙幣發行機構，已從舊有的「中華民國／臺灣銀行」改為「中華民國／中央銀行」，而且中文書寫方式包括面值，全都改為從左到右，如「拾圓」變成「圓拾」。在硬幣方面，在二〇〇二至二〇〇六年的孫像伍拾圓的書寫方式，則是傳統的右到左，那枚民國一〇三年（二〇一四）的拾圓硬幣卻是反方向的。

耐人尋味的是，意識形態相反的政黨當政時，並不急著調整人民的國家認同或其標誌。也許，這也正暗喻新世代也逐步步出第一代的國家認同，即對前一代的祖國的一草一木已無真實的感受。不過，那卻不能肯定他們是否進入了一個虛擬的境界。真實的感受與虛擬的感受不是零和分割的，虛擬認同是真實和虛假認同之外的一種心態和感受。

這個心態，如前所述，尚未把握到國府遷臺前有關的田野資料。這個修改認同標誌的手法曾被侵華的日軍在郵票上採用過，是否異曲同工，則有待更進一步的探討。

臺灣的經驗似乎也提供了一種修改認同標誌的田野資料。據報導，曾有政治人物在二〇一六和二〇一七年公開要求有關當局從錢幣上移掉孫像。所給的理由是他們「不認識」孫中山，也說孫氏對臺灣沒有貢獻。無可置疑的，那種改變的要求多少暗喻著國家認同在變動。其實，遠在十七世紀荷蘭統治時代，鄭成功已發行過硬幣如永曆錢、老公銀和老人像紙幣（官銀票）。永曆錢大概是在紀念明代皇帝，亦具虛擬認同的意涵。在日治時代的臺灣，和在中國東北由日本扶植的滿洲國（一九三二－一九四五）年代，已深深了解到在錢幣或郵票上刊載，或不刊載人像標誌的意義。他們選擇在流通於該「國」內的紙鈔上刊載孔子、孟子、財神爺的形象，民間稱之為「老公銀」。時在臺灣流通的除了日本大正的「龍銀」硬幣外，另一流通的是「青仔叢」百元鈔票，都不刊載孫像或任何軍閥的肖像。這也與郵票的政治功能很相近。這些訴求也證明了孫像是研究法上有效的國家認同標誌；也很可惜的是，至今尚未在別處可獲致同類的田野資料。

另一個變動，是銀行財經專業的課題。那是指錢幣發行到底是「臺灣銀行」還是「中央銀行」。各有讀法，各有解說。其中一說是，這不像與國家認同有太大的關聯。這源自一枚慶祝「蔣總統八秩華誕」的壹圓硬幣，一九六六年發行，書寫全採傳統的右讀，但發行者卻刻上「中央銀行」。是否是因為發行性質是紀念，且也不是長期流通的法幣，僅算是一種對蔣氏的關懷和尊重？

在千禧年政府交替時，新政府在加印了伍佰圓和壹仟圓的紙票中，既不用孫像，也沒用蔣像。其實，在硬幣方面，也不是都刻有人物肖像的。如發行於一九六〇年，且流通多年的壹圓鋁幣，和一九九二年所發行的伍拾圓硬幣，都以梅花為主題，梅花應也是華夏的象徵；兩位人物的肖像便沒被採用。

西元二〇〇〇年所印發面值壹佰圓的孫像「紙幣」，好像是最後的一批。這意味著，跟隨著宣導五族共和的中華民國政府到臺灣的，確實經歷過數次國家認同的轉變，即由實在的轉變到虛擬。概括地說，孫像錢幣作為一個認同標誌，由最初進入淡水仍獨挑大梁至千禧年止，已經歷了半個世紀。其中蔣像相陪的時間，至少也有十九年。

在眾多面值單位的社會，若面額小的硬幣也具有國家認同的效果，則一枚發行於民國九十一年（二〇〇二）刻有孫像與面值拾圓的銀幣，和另一枚於民國一〇三年（二〇一四）發行後也流通至今的面值伍拾圓金銅色的孫像硬幣（見圖表12），則值得進一步探索。前一枚的行文是由右至左，後一枚則由左至右。

在中國大陸，文化大革命十年（一九六六—一九七六）期間，曾在大陸流通過的民國錢幣，都被紅衛兵視為必須破除的「四舊」之一；故民國年代的錢幣都受到查禁及焚燒。此舉似在毀滅人民對民國時代的集體記憶，這也意味著錢幣的確具有國家認同的意涵。孫像錢幣作為國族標誌在大陸已被消融了，它卻被移轉到臺灣，再次成為當地人的國家認同標誌幾近一甲子。

# 討論

以上所述可歸納成三大區塊：⑴虛擬與在地的國族認同的定義，⑵認同標誌的建構條件，⑶觸動認同的機制。由於資料的局限性與為保持行文的流暢，三種機制以外的好些議題僅偶作啼聲初試，或有嫌不足，故在本章裡將稍作補充。其中兩大補充區域為在地與虛擬認同之間的更替，以及他類觸動認同的機制。基於現有資料，此處僅能引用南洋華僑社會的例子。很可惜的，即將提出的有關認同轉換的四類模式，目前僅有伍連德和林文慶兩位的資料比較詳盡。除伍氏的一九五九年自傳外，其千金伍玉玲（一九九五）和李元瑾（一九九一）的著作，都可採信。

## 華僑認同轉換的模式

在早期南洋華僑社會裡，占絕大多數的是契約勞工。他們除了是文盲外就是貧困，以書信和鄉下親友聯繫是極少數的，因此他們無緣接觸到貼上孫像郵票的家書。家書恐怕只得等待下一批勞工上岸，較可能的是他們在同一工地工作時，才有機會作「客從故鄉來，應知故鄉事」的聊天。他們的後代，第二代、第三代，大概只有從父執輩灌輸而來的文化認同；家教庭訓便是觸動虛擬的「吾鄉吾土」的重要機制之一。他們更是無緣接觸到孫像郵票。縱接觸到，恐怕也不知道郵票上的人像是誰。餘下的一小部分的中產階級，也只知道有親屬在內地，卻從未見過面。孫像郵票可以是景，但一般的華僑觸景卻不生情；那時還沒抗日。

普羅大眾的經驗或實況，應是是一個典範。位居上層社會且具有領導地位的，卻提供了好幾個特例或特殊的模式，值得深究。

## 一個典範

要知道這個景，即吾鄉吾土，則必須對鄉土的政治變遷有些基本的認知如下：孫中山在生前從一八九四到一九一四年雖領導在野的興中會、同盟會、革命黨，但他擔任行政首長職位的時間並不長。例如，他僅做過三個月的「臨時大總統」（一九一二），也是很短暫的「陸海軍大元帥」（一九一七），中國國民黨「總理」（一九一九），和遷都廣州時的「非常（時期）大總統」（一九二一）。由於他要革的是清朝政府的命，又因與持有建國異議的軍閥鬥爭，黃埔軍校創建（一九二四）之前仍赤手空拳的他，就得往海外逃亡；所遍及的地域涵蓋英、美、日、南洋諸地。其中日本和南洋則是經常停留之地，而南洋又以英屬馬來亞次數居多，而馬來亞又以星洲、怡保、檳城的足跡最密。因此他的名言之一是「華僑是革命之母」（Huang, 2002）。

可是，他往生後，他的精神走入了國內一九三一年發行的郵票。更沒引起注意的是，他的革命精神得以統御神州大陸十八年，之後尚延伸至臺灣，從沒中斷過，這種能量已足以作為國族認同的對象。

進入日本侵華年代，能觸及華僑的虛擬國族認同的，如前所述，是愛國歌曲。一般上，由於在朝，國家資源在握，加上英屬殖民政府反共，國民黨的僑務工作做得很落實，尤其是在僑民教育方面，如教導愛國歌曲和鄉土民謠。孫中山及日後以蔣氏為核心的國民黨、國民政府，便很自然地成為大部分馬來亞僑民的「祖國」象徵，這無疑是該時代的一個認同典範。

如前所述，在中國國內和在南洋，猶如一樣的月亮多樣情，和多樣的月亮一樣情，真實或虛擬都有所本。接下來四個認同轉換模式所闡述的，正是這種月亮情懷。

## 四類模式

在海外，在南洋，在馬來亞，真正親身經歷該時代祖國的變遷的，也了解愛國歌曲、孫像郵票、孫像錢幣在國族認同上的意義的，李孝式、梁宇皋、林文慶、伍連德算是極少數的幾位。由於他們都是華僑社會出類拔萃的人物，且其社會流動性很大，故也促使他們在國族認同上，在地或虛擬，做出多次的變更。

處於交通與通訊落後的時代，南洋或馬來亞的華僑，有多少在緊密追蹤他們國內的政權演變？又有多少能及時轉換認同頻道？答案是沒有多少。在這極少數的例子中，這兒提出四個極具啟發性的認同更替模式，暫以下述名字命之：李孝式、梁宇皋、林文慶、伍連德。前兩人都曾是轉換國族認同的馬來亞華僑，轉變的過程猶如個人護照，毫不含糊，而正好給國內模糊不清的同類更替提供一個分析例子。後者遵守及發揚醫者父母心，懸壺濟世和作育英才；從不計較護照認同、不熱衷於權勢，可說是「此心安處便是吾鄉」的典範。值得一提的是，前兩位華僑在當時的國內關係人，分別是國民政府分裂後的兩大領導人：蔣介石和汪精衛。後兩位和神州的關係可上溯至宣統的攝政王、袁世凱或孫中山。他們都是以華族血統為傲的馬來亞華僑。

至於土生華僑的峇峇族群，是一個幾乎完全對神州毫無認同可言的族群，當然也是一個模式。馬華公會的創始人之一陳禎祿暨公子陳修信，或林蒼佑等，可算是此族群的代表。他們雖以保衛當地華人的權益為職責，但對中國當時的認知僅屬虛擬一類。契約勞工的後代尚可透過虛擬的機制認識神州，一般的峇峇，卻與虛擬的機制，如方言會館，無緣。

## 李孝式（一九〇一—一九八八）

南洋華僑社會的上層，多是支持孫中山革命的英屬馬來亞的名人如張永福、陳嘉庚、林文慶、李孝式、梁宇皋、伍連德等等；他們算是比較清楚早期國內政權變遷的幾位。首屈一指的是李孝式。其羅馬化拼音名Lee Hau Shik採用的是粵語。香港出生，但祖籍是廣東信宜，屬於名門望族，仕宦世家。自小曾短期就讀過嶺南附屬小學、廣州中學；後轉入香港的英校皇仁書院。之後負笈英國劍橋大學。他曾加入國民黨，並曾在廣東省擔任過數個要職。在北伐時他的職務是國民革命軍上校，將領是蔣介石。他的這段在神州的吾鄉吾土經歷，必恆記於心。

在一九二六年他移民到馬來亞去協助乃父經營錫礦。他也是當地馬華公會關鍵創立人之一；他在華人社會非常活躍，擔任許多華人方言社團、宗親會、商會的會長和董事，並在吉隆坡創立了《中國報》。在一九三七年日本入侵中國時，他在馬來亞發起多次祖國賑災募捐運動。日軍占領馬來亞時他到印度避難。戰後重返馬來亞，並積極參與當地的政治活動，如赴英爭取馬來亞獨立的談判團隊。獨立後他擔任馬來亞唯一的非土生財政部長。曾擔任聯邦立法議員十二年，行政議員十年，部長七年。期間，英國封他為爵士。他從政壇退休後，吉隆坡市區的「諧街」（Jalan Bandar）在一九八八年被更名為「敦李孝式街」（Jalan Tun H.S. Lee）。其兩名公子克紹箕裘。

縱觀李氏一生的經歷，香港、內陸，和馬來亞，可以說其國族認同很明顯地開始於國民政府的中國，那是在地的。他這認同的方向卻漸漸弱化，到一九五〇年代乃轉換至馬來亞的國土。對英廷的認同應僅是過渡性的。他在馬來亞擔任的政治職務，首要條件無可置疑的必是國家認同。這是一個分水嶺：吾鄉吾土在南洋，在馬來亞。

接下來的一個例子是馬來亞土生，卻從虛擬認同轉換兩次到方向不同的在地認同。那是梁宇皋。

## 梁宇皋（一八八八—一九六三）

梁宇皋雖為土生，卻不完全是土長的馬來亞華僑，其對中國鄉土的認同堪稱在地。他誕生於馬來亞霹靂州的小鎮，很可能是怡保市郊的務邊小鎮；那也是多名馬來亞黃花崗烈士的鄉鎮。他五歲到十三歲時在廣州讀小學，那是辛亥革命如火如荼的年代，當也知道誕生於中山（香山）縣翠亨村的孫中山的事蹟。旅居廣州八年，多少也建立有當地的校友人脈。五歲以後的八年鄉情總會比之前在馬來亞那幼童來得濃厚。

後來返回馬來亞怡保，就讀於當地的男英華及檳城的聖方濟英語書院。畢業後領取皇后獎學金到倫敦就讀法律。他本是檳城陳璧君的表哥，年輕時陳曾與他訂有婚約，是親上加親的未婚妻。可是後者最終是下嫁予多次隨孫中山到馬來亞訪問的汪精衛。她和母親都崇仰蒞臨馬來亞演講的孫中山和汪精衛，以至於受感動而參加了同盟會。陳璧君在出閣之前，所孕育的神州明顯地是一個虛擬的。觸動母女的認同機制不是郵票也不是錢幣，而是孫中山本尊。孫像郵票和錢幣是孫中山逝世（一九二五）後才發行的。因此，政治演講或集會，也應是觸發國家認同的有效機制之一。

有說因於親屬關係，梁氏在一九三二年應汪精衛主持的國民政府之聘，遠赴中國擔任鐵路局的局長，以及國際翻譯及聯絡官員等職，前後共十三年。

以他這段不尋常的中國家鄉學歷、經歷，在仕途及影響力方面雖遜於林文慶，他卻見證了軍閥據地為王、北伐，以及國民政府分裂為二的風暴。直到他再次從中國回返出生地怡保從政為止，他對吾鄉吾土的認同，絕不是虛擬的，是在地的。他後來擔任馬來亞獨立後的馬六甲州州長和聯邦政府的律政部長。他國族認同的改變，尤其是他參與創立馬來亞華人公會（馬華公會）後所提倡的「此心安處是吾鄉」的國族認同，遭受到好些馬來亞華人的非議和撻伐。但是，反對華族隨遇而安的人士，其對吾鄉吾土的認同有多少是在地的，又有多少僅是虛擬的？梁氏的是二十多年，有幼年，亦有壯年。在地，在馬來亞。

## 林文慶（一八六八—一九五七）

峇峇族群一般上幾乎都是馬來亞在地認同。不過，也有極少數的例外。最顯著的便是集儒商政於一身的林文慶醫生。他雖生長於檳城的峇峇家庭，卻自小在福建會館所附設的學堂修讀四書。在愛丁堡大學攻讀醫科之餘，亦勤奮自修中文。在一八九二年更獲得香港大學頒發的榮譽博士學位。在一九〇六年他加入了同盟會，而在一九一二年孫中山就任「臨時大總統」時，也曾是他的醫藥顧問。同年孫氏辭去總統職務，林氏遂赴星洲行醫。該時的星洲是大英海峽殖民地的三大重鎮之一，另兩鎮是馬六甲和檳城。

九年後，他應孫中山和陳嘉庚的邀請到廈門大學擔任校長，一去幾達十六年（一九二一—一九三七）。在中國居住前後的二十年中，他經歷了辛亥革命、革命軍北伐；了解滿洲國的意義，深感七七盧溝橋事變的嚴重性。離開廈大後到星洲正欲安居時，又碰上日軍入侵馬來亞。他應是被強迫才出任招募奉納金的華僑協會會長。

肯定的，他在國族認同上，神州也，鼓浪嶼也。他應是少數幾位名人與中國及馬來亞（尤其是新加坡）的親朋常有書信來往的華僑。孫像郵票對他來說，每寄一封信，就應會有一見如故的感觸。一如其他的峇峇族群成員，他幼時也進入純粹英語教學的書院，史地科目以英帝為主。他的虛擬中國不可能從其族群和父執獲得，應是他透過自修中國古典文獻而來的。他的心路歷程似乎容不下大英帝國，也似乎遠遠地超越他的峇峇臍帶聯繫。也如好些其他英語系統的第二代，觸動他的虛擬認同的機制是方言會館，福建會館。

## 伍連德（一八七九—一九六〇）

伍連德，又名星聯，是名滿天下的鼠疫鬥士和積極反菸毒健將。除了哈爾濱是主要的戰場外，他足跡還遍及其他的國家，不論種族，不分國界。擁有劍橋醫學博士、清廷欽賜的進士，以及多個其他國家的榮譽博士學位和勛章。他的羅馬化洋名有五個：Wu Lien-Teh，Ng Leen Tuck，Goh Lean Tuck，Wu Liande，Wu Lean Teh。第二個是粵語發音，很可能是他出生時所登記的，第一個以威妥馬發音的姓名是一九五九年出版自傳時用的。

他是馬來亞華僑第二代，誕生在檳城一個經營金鋪的台山（新寧）家庭。在地就讀大英義校，後拿獎學金到劍橋攻讀。曾到過吉隆坡搜集博士論文的資料。在一九〇三年畢業返鄉途經星洲，拜訪林文慶，並成為其姻親。在一九〇四年返抵故鄉檳城開設診所。三年後受聘於當時清朝直隸總督袁世凱所管轄的天津軍醫學堂。至一九一〇年冬，西伯利亞和中國東北爆發嚴重的流行鼠疫，清廷（宣統）委任他為總醫官。他領導團隊到疫區救災，花時半年成功地撲滅了那場大災難。

辛亥革命後，他曾是孫中山的侍從醫官。據說在一九二八年，主持南京政府時的蔣介石邀聘他為國防軍醫署署長；不久卻辭職，因他不覺得蔣氏像是孫中山的繼承人。從一九一〇到一九三七年日本侵華，他在中國服務了三十年。那年九月已屆五十八歲的他，返回故里馬來亞行醫，落腳怡保波士打律十二號，長達二十三年。戰後於一九四七年曾到中國舊地重遊並處理私事。在八十一歲那年，他決定搬回檳城舊居，不幸在數月後就離世。

雖然在他返馬之前，出席國際會議時都自認是中國人，代表中國；於一九五八年給南洋大學的演講也勸請大家重視體內流著的中華血統；但從他在英殖民地的某些社會活動，可以看出他更重視醫者父母心的醫德：捐贈給學院書籍和資料、資助成立霹靂戲劇社、在怡保的二十多年的懸壺濟世、極力推行反菸戒毒運動等。

他拿的護照，若作為國籍的標準，一九五七年獨立之前簽發的應是英屬三州府、英屬馬來亞，之後的是馬來亞聯合邦。三十年楚材晉用，二十三年虎落平陽，他都處之泰然。那豈不是「此心安處便是吾鄉」的寫照？

在清代中國曾有使其心不安的事。因撲滅鼠疫有功，監國攝政王載灃（載靜雲）擬賜見，他因感覲見禮節太煩，心不安。蔣介石委員長在北伐後邀聘他任職軍醫學院；他卻覺得心不安，故也就沒久留。功業完滿後於一九三七年返馬，斯時至一九四六年檳城仍是三州府之一；怡保不是。因他一生堅持反菸毒，尤其是鴉片，義和團和鴉片戰爭是關鍵字。他的行徑自然會招惹英廷或三州府的殖民高官不滿。該時馬來亞的鴉片供應涉及黑幫及官員，他因此被陷害：官府提控，又遭黑幫及馬共綁架和勒索，日軍曾嚴厲警告他反日的言論。一個國際著名的瘟疫鬥士，逃離了盧溝橋及上海住家被日軍炸毀的災難，卻虎落近打橋受盡委屈。相較之下，心安處還是怡保，讓他保存了餘暉。

不過，他的確是有段虛擬的國族認同，那多是衍生自父執輩的懷鄉感，因為檳城的大英義校是純粹的英語學校，課程的歷史地理都以英國為主。此外，伍氏的千金玉玲於二〇一七年五月十八日在新加坡受訪時透露，其父親渴望她和她異母的大哥返回馬來亞生活；在哈爾濱出生的大哥當時是在美國，而她是在上海出生的。伍氏的國族認同是始於檳城的虛擬神州，到虛擬境界的實現，最後又轉換到在地認同。

## 他類虛擬認同機制

個人對境遇或處境（事、物、地）的歸屬感，乃一種社會認同。而幾乎每個處境，如國族／國家，都有個象徵符號、圖騰或標誌。常言道觸景會生情，那些標誌彷彿是景點，一旦被觸動，呈現在眼前的便是標誌所象徵的處境：有真實或在地的、也可有虛擬的。觸動後會令人生情的機制，前文已交代過，有三大類型：華僑社會的愛國歌曲，加工的孫像郵票，和藕斷絲連的孫像錢幣。

除了所聚焦的三類啟動認同的機制外，行文中也稍旁及其他的虛擬描繪機制，如鄉音或方言群組織、烏托邦式的結盟、武俠小說等，本章擬稍多加著墨，冀望這些機制能落實和釐清認同、虛擬、標誌等的重要概念。

### 鄉音與方言群

雖曰華僑社會提供了一個唱愛國歌曲的機制，華社裡的鄉音或方言群組織，也提供其他觸動鄉情的活動，其涵蓋的範圍更廣。有詩曰「少小離家老大回，鄉音無改鬢毛催，兒童相見不相識，笑問客從何處來」，詩中提到村童都聽得出回鄉老人的鄉音，哪怕是閩南語、客家話、廣東腔；那也許說，同樣的老人也覺得村童的聲調很熟悉。若老人是相隔重洋的老鄉，這種還鄉之情會更愉悅，既心曠又神怡。這種境遇是真實的，兒童不相識也罷，歸屬感和標誌都不必虛擬。

還沒還鄉的，也該有他鄉或海外遇故知的經驗。客從故鄉來，應知故鄉事。如能以家鄉話交談，若故知是已移居海外的第一代，其親切之感當無以言喻，也會不自覺地以為回到了生於斯長於斯的鄉土。也無須虛擬。

在開宗明義時有提到過，虛擬認同的機制有靜態和動態兩大類。在某種情況下，語言似乎可以歸為動態的。語言是每天必說，且是溝通交流的媒介。雖然南洋的中華總商會遲至一九〇二年才在新加坡創立，其前身一直被英政府視為會黨的義興公司，應是華人公所之類的組織，如中華總商會、中華公會、中華公所等，那是容納所有方言群或幫群代表的一個最高的議事機構。總而言之，當時的華僑公會的國族認同仍是很鮮明的。早年孫中山亦親訪了馬來亞六至八次。孫先生雖已於一九二五年逝世，其「五族共和，天下為公」的精神尚在（Yen, 1976; Huang, 2002）。這可能是比歌曲、郵票、錢幣更有效的國族認同機制。

物以其語而類聚是很自然的社會現象。故曰語言或方言亦是社會認同機制之一。在早期的英屬馬來亞，華僑皆以所操的方言作為社會組織的基本要件，於是海南人、潮州人、客家人、廣府人、福建（閩南）人、福州人等各有其社團、廟宇、墓地。這些方言群體／團體不但各有其獨特的副文化，各自亦同時壟斷了某些行業。方言群所自組的會館及福利機關，在捐助發展方面則多以方言群為基礎，拙作（一九八五）所列的資料可列為一證。日本學者金崛城二（一九七二）對行業與方言群的關聯也早有觀察。李亦園（一九七〇）對早期蔴坡的閩南人所做的田野報告，也給這類關係提供了印證。

值得探討的是那已落地生根的第二代。他們的鄉音也為當地語言所淡化，尤其是浸淫於方言裡所涵蓋著的副文化，如餐飲和諺語，也逐漸失去原味。不過，方言群的組織如會館、廟堂，尚可提供其他虛擬認同機制。各會館除了附設的音樂社、話劇社、傳統醫療及保健服務、舞獅採青、國術表演、神誕遊行等等外，在重要的民俗節日裡也必舉辦各類節慶活動，如清明節、端午節、中秋節、農曆新年等。對第一代移民來說，那是一種懷鄉之情，因為他們對鄉土的記憶猶新。到第二、三代的南洋移民，從觸景已不生情到無景可觸的，最終落得一種虛擬的歸屬感，或已無動於衷。

更值得一提的是，在國民政府的僑委會資助下，尤其是師資，南洋各方言群所創辦學校，如潮州人辦的朝陽，客家人辦的育才，海南人辦的養正等，校內都設有音樂課、公民課、歷史課。

當然，移民後代中某些群體，由於臍帶文化被切割，無論愛國歌曲、孫像郵票、孫像錢幣這類標誌，都不可能在他們心中撩起對華夏的認同。一般上，那些並沒參與任何華人同鄉會的華人，多是土生華人，又稱峇峇。他們不僅在殖民地土生土長，他們所接受的是多是英語教育。再者，殖民地三州府中以福建人居多，故日常用語則以閩南話、英語、馬來語所參雜而成的另類「土話」。這群體的人數雖遠少於華僑，卻具有可與當權者直接交流的機會。由於他們的子弟也多操洋務，在政府各部門擔任要職，如翻譯和警務，其影響力之大是不容置疑的。他們自然效忠於英廷。他們對中國國內的山河、形勢，連虛擬境界都談不上。

換言之，三代下來，擬乘歌聲翅膀歸去，只怕高處不勝寒；欲擬按圖索驥歸去，卻不知江山已老；藉鄉音歸去，只怕鄉音已改，到頭來落得個獨釣寒江雪的孤舟簑笠翁。這是虛擬認同的另一真諦。如前述的馬來西亞蘇教授的梅縣情懷，已是近鄉情怯，已無法虛擬父執輩的梅縣了。

曾於一九二〇年擔任廈門大學校長，於日侵新加坡時被逼擔任華僑協會會長，而為日軍籌募奉納金的林文慶醫生，是峇峇群體的一個非常耀眼的例外。另一個，或另一類耀眼的例子便是與汪精衛、陳璧君有所關聯的梁宇皋。

## 從延安窯到天安門

若以郵票來測量人民的國家認同，除了日本的「加蓋」戰略外，從一九三〇年的延安基地瓦窯堡、長征時所逐步占領的區域，到一九四九年止，當時的「地下」政府，或解放區，也曾私下發售過多款不同圖案的手刻郵票，如共黨五角星、全白日等圖案。那時流傳最久的應是由一九四二到一九四六／四七年被加蓋改值七次的鷹球郵票。發行機構為「江西西南赤色郵政」，及一些已被解放的邊區郵局。

正式發行印上毛澤東肖像而不具齒孔的郵票是在一九四四年，朱德的則在一九四五年由「山東戰時郵政」發行，直至一九四九年。該時，毛像郵票大量流通於以下的解放區域及年代：革命根據地江西（一九三〇－一九三七），華北區（一九三七－一九四九），華東區（一九四二－一九四九），西北區（一九四六－一九四九），東北區（一九四六－一九五〇），旅大區（一九四六－一九四九），華中區（一九四八－一九四九），華南區（一九四九），西南區（一九四九－一九五〇）。

不過，在一九四五年紀念抗戰勝利的郵票中，機器印刷的加蓋版的孫像郵票也出現過。其實在一九四五年之後，孫像郵票也在解放區內流通過，發行機構還是「中華民國郵政」，只不過都給加蓋了「中華人民郵政」、「人民郵政」，或解放區名，如華東區、華北區、西北區等。這種情況，若視之為模仿日本皇軍維持孫中山威嚴的做法，也可存一說。也可能是因孫像郵票比較耐用，因多是機器印刷的。更可能的是當時的土產郵票不敷應用，而郵政市場上大概也只有孫像郵票尚有存貨。那麼，這十九年國共內戰所產生的認同，是真實或虛擬則各持其說。人民幾乎每年都處於國破山河在的處境。依據目前的資料似乎只能說：那就得看人民所屬區域的意識形態了。

## 烏托邦三百年

在清代過番到南洋的華僑，似乎也包含同時代的香港、澳門華僑，其對祖國的認同亦可以被視為虛擬。這特別指南洋華僑對當地三合會或天地會那種復明的執著。殖民地的政府曾誤讀人口統計數字，而致報導曰八成以上的三州府華人皆是幫會會員，這令人有全民皆兵的恐懼。眾所周知，天地會原是一個反清復明的民間組織，會員們對其祖國，即三百年前的明帝的認同，是昭然若揭的。

從清末到民初，該會的分堂組織遍布全球。那些活動於英屬馬來亞、香港，和荷屬印尼的堂會，確實給會員們提供了另一類的虛擬國族認同，一個烏托邦的模式。清朝已滅，該會仍在反對滿洲人的統治，仍在拜祭明代漢族的洪門五名開山始祖，原都是少林寺的高僧。通過非常制度化的結盟儀式後，又名桃園結義，會員們便步入一個明朝的社會環境。例如，紀年不用任何清代年號，卻用「龍飛」。龍象徵天子，即皇帝。在往生的領袖的神主牌上，被追贈各類與明朝有關的榮譽，如復明義士等。那是一個會員們從來沒生活過的時空：那是典型的虛擬國族認同。

簡單述之，那些被清廷追撲而逃難到馬來亞的洪門子弟，在五口通商（一八四三）之前也曾於殖民地借殼還魂，如開辦武館和參與會館活動如義診、健身練武等。之後，殖民政府開始向中國招募大量勞工，無意中促使監控勞工流動的行業應運而生。監控及安置千百名上岸的勞工，之後又從水路、人力車、徒步，長途跋涉把勞工移至蠻荒地帶去開礦種植，那是招募公司的白領人員最感束手無策的。武力和暴力的應用便在所難免；當地的洪門子弟所開辦之武館，正好派上用場。這些武館應都和大型的貿易和勞工招募公司，發展出互惠的聯繫。斯時，武館以天地會的結盟機制去管理那流動量巨大的勞工是一創舉，卻也為勞工們創造了虛擬的明代認同。

有趣的是，也是一般人所忽略的，這些開設武館的洪門子弟，生意興隆，業務蒸蒸日上，逐漸偏離原來的國族認同，即不反滿清，也無意復明。不過，真正荒唐的是，時至民國成立幾十年後，在一九六〇年代的天地會的結盟儀式，及所使用的明朝認同標誌，如反清詩歌和會黨徽章等，還是沒揚棄天地會的框框（麥留芳，二〇一七）。其實，自華人勞工大量湧入英屬馬來亞後，當地的天地會的國族認同便已進入虛擬狀態了，時光倒流三百多年。

## 神州詩社

吾鄉吾土，除了在歌曲、在郵票、在錢幣，也在桃園結義，也在方言群組織，也在鮮撩人耳目的武俠小說。

武俠或技擊小說，在一九五〇年代便已流行於馬來亞，作者多源自香港和臺灣，如我是山人、梁羽生、朱愚齋、衛斯里（倪匡）、臥龍生、諸葛青雲（還珠樓主）、古龍、上官鼎，一直到一九七〇年代金庸、溫瑞安出道，此類作品逐漸被推上年輕人的閱讀榜首。讀者群幾乎包括了小學至大專研究生。或說小學生的中文水準尚未能閱讀金庸，他們應能讀通當時很流行的功夫「公仔書」，或連環圖。其實，當時的馬來亞廣播電臺有個傍晚播出的《李大傻講古》節目，所播放的便是武俠小說。另又有私立的麗的呼聲電臺也經常廣播功夫故事。

圍繞著此類小說的是武林流派如少林、武當、白鶴、峨嵋等；年輕人崇拜的英雄便有洪熙官、方世玉、金剛玉二郎楊進、楚留香等。武術術語隔空打牛、百步穿楊、小李飛刀例無虛發等，都是口頭禪。所涉及的人物都是虛構的，也都是以中國各蠻荒地域為經，以各朝代的虛構事件為緯。原則上都充滿著各流派在江湖上的恩怨，各展現武功實力與義氣。這種勝者為王敗者為寇的故事，可以說全與當代或當地社會無關。其之所以具有高度吸引力，主要是在當代的國內權勢紛爭不已。一邊封國，一邊戒嚴，一介平民，何去何從，頓覺無力，的確無所適從。武俠小說和電影，提供了一個極佳的認同機制，正好填補了這群自一九四九年從故鄉外移的人民的失落與空虛的情懷，尤其是國族認同的無覓處。

幾乎同一時段，功夫電影如早期的黃飛鴻、方世玉、洪熙官，到後來的李小龍、成龍、葉問等，所拍攝擊敗洋人的電影，確是振奮民族氣概，填補了一般手無寸鐵且閱讀能力較低的平民的哀怨。有多少人知道，何處是歸程的等待與無奈？

無可置疑的，文學造詣是金庸著作吸引廣大海外華人讀者的一個因素，但最重要的恐怕還是時機：它出現在一個海外華人最落寞的時代。對在海外已落地生根的人來說，萬里長城大江三道開放後，尋根熱比起武俠著作所提供的心理昇華的元素，則更為實際。夢幻時代幾已蕩然無存了，國族認同已逐漸離開虛擬的境界。

金庸之後，真正先以行動，後以文學來抒發對虛擬神州認同的，倒是一九七〇年代大馬留臺的好些大學生和他們的著作。也比較引起大馬人注目的，家喻戶曉的，莫過於溫瑞安。他帶著文化鄉愁與民族文化主義赴臺，地理上應是很靠近神州。之後組織西望神州的「神州詩社」，並發行《青年中國雜誌》，吸引了約百名大馬留臺生為社員。他們在聚落裡聞雞起舞、歌唱、也吟詩詞，以為神州已近。雖然張錦忠（二〇一四：九）喻之為一種象徵了「留臺生對臺灣不切實際的幻想」。黃錦樹（二〇一二：一三九）卻認為，也深悉，武俠小說的想像空間「是一種虛構的古代時空，提供了逃離現實的美感距離……滿足文化鄉愁」。

其實，神州詩社的領導人由原鄉馬來西亞赴臺，後來離臺赴港，是經歷多次的心理調整後，才落實神州已近的願望。首先，因不適應南洋原鄉的文化環境而產生了對神州虛擬的文化認同。該時中華文化在臺灣正在燃起復興的火焰，可惜的是事與願違，客觀的政治化和過度西化的環境，卻促使他們再度掉落文化鄉愁的虛擬認同。

那虛擬狀態才剛建構不久，他就被令離臺到香港，得以拜金庸為師，得以專心撰寫武俠小說，以抒發多年來對神州的嚮往。多本小說出版後，連同當時在香港和臺灣的好幾位作家如金庸、古龍，才算是打開了虛擬認同的隧道，讓那有真正需求的第二代進入。第一代的對那些神州的山脈江河記憶猶存；只是第二代的得靠小說中的描繪，去虛擬那些門派的發源地，如那三山五嶽。這個轉換認同之例，仍是一個有待田野資料來解決的課題。

名聲在外，溫瑞安的虛擬建構最為接近本題。近似在臺灣的外省移民第二代，其中特別是武俠小說的讀者，拾道進入了溫瑞安詩社的神州，去少林寺，去武當山，去峨眉山。神州詩社對其大馬華社有何種影響呢，確實值得來者加以探討。或許正如黃錦樹（二〇一二：一六一）在結論上所言：「『神州』也許是海外華人的永恆的欲望。」

# 總結與展望

社會真實是一種客觀存在的現況，它可以是族群、文化、鄉土等等。但它可以被虛擬，即把真實以多種方法去描繪出來。〈清明上河圖〉是一幅巨大的水墨畫，畫裡所描繪宋朝都城汴梁（今開封），在時在地都不是我們可能去過的地方。畫中人物被數位化後，卻栩栩如生，現代的觀眾就如身歷其境。武俠小說也是另一種描繪社會真實的方法。不過，所有的描繪縱再逼真，本質上還不是真實。虛擬的真實有別於子虛烏有的烏托邦，後者的建構是可以漫無邊際的。

我們所探討的是對真實所生之情，一種心理歸屬感：我情鍾於尚未身歷過的某國、某鄉、某處境。每一真實都有其象徵物，這也是景。觸發一景致生情必有其機制。在舊日的南洋，不少的土生華僑，縱使面向祖國之景也視若無睹。但透過某些觸景的機制如鄉音結社的民俗和教育機關，卻也可生情、認同，此乃虛擬之情、認同。在國民政府治理下的神州，甚至臺灣，觸動生情的機制是歌曲、郵票、錢幣。

本書的焦點之一是那些引導你進入虛擬景象的機制：歌曲、郵票、錢幣。之外還有海外華人的方言結合體、幫會組織、武俠小說等。這些機制類別雖是題外，卻釐清了好些基本的概念，如社會認同和認同標誌的建構條件。具體地說，孫像錢幣在臺灣的盛衰，和三類認同標誌都闕如的香港，值得我們稍多著墨，集思廣益，溫故而知新，而始有展望。

共和臨時政府在一九一二至一九一三年接收國家行政職權時，掌握大權的仍是北洋政府（一九一三—一九二八）的袁世凱、黎元洪、張作霖等。從興中會（一八九四）到同盟會（一九〇五）到中國國民黨（一九一二）到中華革命黨（一九一四）到重組成為政黨的國民黨（一九一九）到一九二五年逝世前，孫中山都是那些革命組織的中心領導人物。之後，是他的「革命尚未成功，同志仍須努力」的精神，牽引著國民政府經歷北伐（一九二五—一九二七）至定都南京，國共對峙，抵抗日侵，統一全國而掌權到一九四九年，其被尊為中華民國國父，而成為一個國家標誌，可說歷盡千辛萬苦，排除萬難，其他民國領袖的威望，難望其背，無以匹比。

一個中國革命家在過世後幾乎八十年，尚被一定的敬仰者不間斷地奉為國家認同標誌的，是屈指可數，孫中山必是其一。當然，所認同中華民國及其所塑造的標誌的人，並不一定涵蓋各路的軍閥及其朋黨。據地為王的軍閥袁世凱和張作霖等，和參與內戰的共產黨員，他們的國家認同不算是虛擬，應說根本是另有其本，另立認同標誌。刊印毛澤東肖像的郵票便是一例。不過，令人費猜疑的反而是擔任南京國府主席那時段（一九四〇．三．十三—一九四五．八．十六）的汪精衛，他沒上烈士郵票，也沒在錢幣裡出現。

新中國成立後，那些移居香港或臺灣的，雖曰教育程度遠比舊時代的南洋移民要高，且返鄉的交通也非常方便，但在新中國尚未開放之前，已移出的多未有機會返鄉。其第二、第三代的子孫對其父母的原籍的認同，應與舊日南洋移民的很相近。兩者間差異最大的是：近代的移民後代多已不選唱愛國歌曲。因此，愛國歌曲作為一個國家認同的標誌，已不再適用於兩岸的近代移民的後輩。第二代的或尚會虛擬吾鄉吾土，再下去的就恐怕得落地生根了。

居住臺灣的外省人和本省人的經驗和表述，落實了虛擬國家認同這個概念，即它既不是真實認同，也非虛假認同，本質上應是虛擬的。外省人移入的初期，仍抱著懷鄉的希望和意志；之後則逐漸進入虛擬的狀態。之後的第三代，已感到是調換認同標誌的需要。這個過程應是個很有意思的課題，若能與同時序的大馬華人相比較，意義就更深遠。除了變遷的過程外，也可為虛擬認同提供另一個視野及層次，因它可以是大如整個秋海棠土地，也可僅是梅縣的一草一木。臺灣的特殊性是一個不大不小的地域。

也具有特殊性且地域更小的是香港。香港給大英帝國殖民了一百五十年至一九九七年，那是歸還後「一國兩制」自治五十年的開端。若以五十歲作一輩的劃分，現應是第三代了。在民國年代，殖民地時段，由於五湖四海的龍蛇都混雜其中，其居民的國家認同在本質上應也多元。基於兩地的毗連性，在內地的連年內外戰禍下，香港便變成難民逃亡方向的首選。這部分的居民離鄉不久，應對神州尚有歸屬感。但絕大部分的居民似乎都認同大英帝國，尤其是新中國成立後就封國的那三十多年。

香港居民的第二、三代若對神州仍有歸屬感的，應屬於虛擬一類。香港出版的武俠小說、天地會的運作、電影及其插曲便很自然地構成認同的機制。況且，在北伐及內戰時，多類的民國郵票如孫像、烈士組及航空組，既有北平版也有香港版（中華、大東、商務印務局），而烈士鄧鏗還是香港人。我們所關注的愛國歌曲和孫像郵票，幾乎都沒正式跨越過羅湖半步。而孫中山，或孫逸仙，卻是香港大學的醫學系的校友。

我們所能期望的是國家認同的田野資料，從而探討認同的去向。新加坡、馬來西亞和臺灣的殖民與變遷經驗，也許可以提供預測香港居民的認同去向的資料。至今可以肯定的是二〇一六年占領中環的社會運動，和在二〇一九年多次諸多訴求的大遊行，顯示著該群對神州缺乏認同，連虛擬的也談不上，因為示威者和暴民間出現對神州國旗、國歌的羞辱，也同時熱烈地舉起外國的國旗。他們到底知不知道自己是誰？知不知道吾鄉吾土在何方？難道他們是柔奴所說的那一類嗎？她說：「此心安處便是吾鄉。」

果真如此，則他們不會對羅湖以北的土地產生歸屬感是很自然的，更不會視之為吾鄉吾土。在沒有臍帶文化，如語言、飲食習慣等的相繫聯之下，在對國家認同標誌也感到陌生的情況下，那是無景可觸或觸而不生情，又如何虛擬羅湖以北的土地？連銷路廣大的武俠小說所虛擬的山河也無法使他們生情，更不必談愛國歌曲、孫像郵票和錢幣。

香港的國家認同，在被殖民的一百五十年中，有的已視英倫為祖國，有的懷戀在鐵幕之內的故鄉。故鄉最終開放所掀起的一股尋根熱，想也是鬢毛已催的「少小離家老大回」的情懷。如前所述，洋蔥已剝落到第三層的一輩，甚至已不能虛擬一個小梅縣。香港隔著一個湖，臺灣是一個海峽，更遠的是重洋，可說是一樣的月亮，三種情懷！

很顯然的，所述孫像郵票與國家認同的關聯僅是一種統計式，或表面的關聯。若要進一步建立它們間的實質關聯，那非得廣閱歷史檔案、田野資料、地方志不可。又如開章所言，武俠小說、報章、錢幣皆是建構虛擬認同的事物，有志之士，不妨深究。此類資料也應可以用來規劃國族標誌被認同和虛擬的時段、長短、變異等，目前尚分劃得不完整，所作推論僅可窺見一斑，未能睹其全豹。

本文國族認同的主要條件是原地處境，而認同標誌的運作必須在十年左右。其實，從共和到民國，到北伐，到抗日，到國共內戰，這個十年的界定近乎武斷。不少例子顯示原來的認同處境改變很迅速，導致集體認同的混亂無章。在這種情況下，虛擬認同的確立是很困難的。際此，創建「過渡性認同」的概念或許可紓解這個困境。

此外，原地處境意涵著非自願或不自然的流離。對離鄉背井，或流離海外之國人來說，藉啟動機制而產生的虛擬認同，無疑地便成為一種替代。反過來說，一個國家的國民在國內安居樂業，或離國僅是自願且隨時可回鄉的，就不必依賴機制，而虛擬認同就不是一個課題。美國便是一例。美國立國以來，鮮有大量國人流離國外，以致須要依賴心理機制來平衡認同的困境。這些機制乃包括了愛國歌曲、郵票和錢幣。

美國自一七八三年便發行了印上開國元勛華盛頓肖像的錢幣。其後有十多名總統肖像在身後也被選載在郵票和錢幣上，後者有不少是流通上百年的。一般人所熟悉的林肯圖像，尤其是面值一分的硬幣，自一九〇九年發行流通至今已百多年，林肯的功績自然滿足成為國族認同標誌的條件。可是，美國立國兩百多年來，歷經了南北內戰，也似乎沒有過軍閥自立為王，並自製郵票或貨幣的事件；其愛國歌曲更毋庸置談。換言之，虛擬國族認同在某些國家來說，如美國，並不是個主要課題，但可以作為借鏡。

本書僅測量歸屬感以及其虛擬性，並無意評論它們的正負面。正負之分，是意識形態之分。那不是撰寫的初衷。

# 參考資料

## 中文部分

《中華民國郵票目錄》。北京：人民郵電出版社，二〇一二。
王振春，《新加坡歌台史話》。新加坡：青年書局，二〇〇六。
王振春，《聽歌三十年》（卷一增訂版）。新加坡：勝友書局，一九九九。
李亦園，《一個移殖的市鎮：馬來亞華人市鎮生活的調查研究》。臺北：中央研究院民族學研究所，一九七〇。
阮關逸，《孫中山郵票藏品集》。澳門：國際炎黃文化出版社，一九九九。
孟昭隆主編，《珍郵記憶：孫中山與辛亥革命》。北京：中央文獻出版社，二〇一〇。
林孝勝，《新華研究：幫權、人物、口述歷史》。新加坡：青年書局，二〇一〇。
金崛城二著，劉果因譯，《馬來亞華人社會》。檳城：嘉應會館，一九七二。
悅古編，《清代民國郵票圖鑑》。長沙：湖南美術出版社，二〇一二。

崔貴強，《新馬華人國家認同的轉變（一九四五—一九五九）》。新加坡：南洋學會，一九九〇。
張錦忠，〈序一〉。黃錦樹、張錦忠、李宗舜主編，《我們留臺那些年》。吉隆坡：有人出版社，二〇一四。
麥留芳，《方言群認同：早期星馬華人的分類法則》。臺北：中央研究院民族學研究所，一九八五。
麥留芳，《虛擬認同：早期馬來亞華人的愛國歌曲》。新加坡：新加坡華裔館，二〇一二。
麥留芳，《百年虛擬幫會》。吉隆坡：華社研究中心，二〇一七。
黃錦樹，〈神州——文化鄉愁與內在中國〉，《馬華文學與中國性》，頁一一五—一七一。臺北：麥田出版，二〇一二。
董文超主編，《中國歷代金銀貨幣通覽．近代金銀幣章卷》。北京：中國金融出版社、經濟導報社，一九九三。
趙寧夫、胡國瑞主編，《中國錢幣大辭典》。上海：中華書局，一九九五。
廣東省集郵協會、廣東省中山市集郵協會同編，《孫中山郵票圖集》。北京：人民郵電出版社，一九九一。
鴻禧美術館，《中國近代金、銀幣選集》。臺北：鴻禧基金會（Chang Foundation），一九九〇。
蘇燕婷，〈虛擬梅縣〉。林春美、陳湘琳主編，《與島漂流：馬華當代散文選（二〇〇〇—二〇一二）》。吉隆坡：有人出版社，二〇一三。

## 英文部分

Huang Jianli, "Umbilical Ties: The Framing of Overseas Chinese as the Mother of Revolution". In Lee Lai To and Lee Hock Guan, eds. Sun Yat-Sen, *Nanyang and the 1911 Revolution*. Singapore: ISEAS, 2011.

Kann E.（耿愛德）, *Illustrated Catalog of Chinese Coins*《中國幣圖說彙考》. Tokyo: Ishi Press, 2007.

Yang N.C.（楊乃強）, *Yang's Postage Stamp Catalogue of The People's Republic of China (Liberated Area)*, 6th Edition. Hong Kong: N.C. Yang Stamps & Coins, 1991. (English & Chinese).

Yen Ching Hwang, *The Overseas Chinese and the 1911 Revolution*. London: Oxford University Press, 1976.

## 網站資料

博物拍賣網 http://auction.artxun.com

http://stamps.delcampe.net

Dynasty Auction Co. Ltd. (http://www.dynastyauctions.net)

http://values.hobbizine.com/chinesestamps/index

http://www.eBay.com

InterAsia Auctions Ltd. (http://www.interasia.auctions.com)

中國郵票目錄（網站）。臺北：臺灣中華郵政公司，二〇一三。

## 參閱資料簡介

廣東省集郵協會暨廣東省中山市集郵協會合編的《孫中山郵票圖集》（一九九一）。此書僅收集同時代的原始郵票，附有加蓋或郵戳的則沒涉及。

孟昭隆所主編的《珍郵記憶：孫中山與辛亥革命》（二〇一〇），所收集的不完全是郵票，有相當大的篇幅是用來刊載實寄信封及孫先生在海外的活動圖片，包含流通於外國的孫中山紀念郵票。

阮闢逸所著的《孫中山郵票藏品集》（一九九九），收集的民國年代發行的孫中山郵票，堪稱詳盡。其給郵票的政治分類，相當合理。為節省篇幅，故多處都不引述來源。

# 附錄

**圖表1　孫像郵票：主要版本原始面貌（1912/1931-1949）**

| 孫像類別 | 印刷版次／日期／郵政 | 孫像類別 | 印刷版次／日期／郵政 | 孫像類別 | 印刷版次／日期／郵政 |
|---|---|---|---|---|---|
| 01<br> | 倫敦版<br>1912.12<br>3枚全中華郵政 | 05<br> | 香港中華1版<br>（空心半鈕）<br>1938.11<br>3枚全 | 09<br> | 紐約印鈔公司<br>1941.2<br>16枚全 |
| 02<br> | 倫敦版<br>1912.12<br>連上12枚全 | 06<br> | 香港中華1版<br>（空心全鈕）<br>1939<br>2枚全 | 10<br> | 重慶中信<br>（中央信託局）版<br>1942.9<br>14枚全 |
| 03<br> | 倫敦1版（單圈）<br>1931.11<br>10枚全 | 07<br> | 福建南平百城2版（無齒版）<br>1942-1945<br>7枚全 | 11<br> | 重慶中華版<br>1944.1<br>10枚全 |
| 04<br> | 倫敦2版（雙圈）<br>1931.2<br>7枚全 | 08<br> | 福建百城（有齒）2版<br>1942-1945<br>8枚全（另有點線版，不載） | 12<br> | 重慶大東版<br>1945.12<br>4枚全 |

| 孫像類別 | 印刷版次／日期／郵政 | 孫像類別 | 印刷版次／日期／郵政 | 孫像類別 | 印刷版次／日期／郵政 |
|---|---|---|---|---|---|
| 13<br> | 重慶中央版<br>1945.12<br>6枚全 | 16<br> | 上海大東1版<br>1946.7<br>11枚全 | 19<br> | 上海大東金圓1版<br>1949.1.6<br>9枚全 |
| 14<br> | 倫敦3版<br>1946.3<br>5枚全 | 17<br> | 上海大東2版<br>1947.10<br>17枚全 | 20<br> | 蒙疆聯合自治政府（蒙文版）<br>未發行<br>8枚全 |
| 15<br> | 倫敦4版<br>1947.5<br>4枚全高額票：500-1000圓 | 18<br> | 上海大東3版<br>1948.7.2<br>12枚全 | 21<br> | 蒙疆聯合自治政府（蒙文版）<br>同上 |

資料來源：阮關逸（1999）。後續至圖表9，資料同源。

| 圖表2　孫像郵票：限地區使用加蓋（1941-1945） | | | |
|---|---|---|---|
| 孫像類別 | 印刷版次／日期 | 加蓋識別 | 官方郵政 |
| 01<br> | 倫敦1版（單圈）<br>1932<br>7枚全<br>1933<br>9枚全 | 原廠加蓋：「限新省貼用」<br>（指新疆） | 中華郵政 |
| 02<br> | 倫敦1版（單圈）<br>1933<br>9枚全 | 「限滇省貼用」<br>（指雲南） | 中華郵政 |

| 孫像類別 | 印刷版次／日期 | 加蓋識別 | 官方郵政 |
|---|---|---|---|
| 03<br> | 倫敦2版（雙圈）<br>1932<br>7枚全 | 「限滇省貼用」<br>（指雲南） | 中華郵政 |
| 04<br> | 北平中央版<br>1946.7<br>14枚全 | 底框原（鉛）印：限東北貼用 | 中華郵政 |

**圖表3　孫像郵票：日治時轄區加蓋（1941-1945）**

| 孫像類別 | 印刷版次／日期 | 加蓋識別 | 孫像類別 | 印刷版次／日期 | 加蓋識別 |
|---|---|---|---|---|---|
| 01   | 日治北京仿版／原港中華版 1941.7-1945.8 20枚全 | 「河北」（篆體） | 05   | 同上／原倫敦版 3枚全 | 「蘇北」 |
| 02   | 同上／原倫敦版 15枚全 | 「河南」 | 06   | 原香港中華版 7枚全 | 「蘇北」 |
| 03   | 同上／原倫敦版 14枚全 | 「山東」 | 07   | 新民仿北京版／原倫敦版 1943.11 11枚全 及港中華版 1945 6枚全 | 「華北」 |
| 04   | 同上／原倫敦版 10枚全 | 「山西」 | 08   | 新民版／原倫敦版 1941.7 小體字3枚 | 「蒙疆」 |

| 孫像類別 | 印刷版次／日期 | 加蓋識別 | 孫像類別 | 印刷版次／日期 | 加蓋識別 |
|---|---|---|---|---|---|
| 09<br> | 新民版／原香港中華版<br>1941.7<br>大體字6枚 | 「蒙疆」 | 12<br> | 新民版／原倫敦版<br>1942.6<br>20枚全 | 「粵區特用」 |
| 10<br> | 新民版／原倫敦版<br>1942.6<br>3枚全 | 「蒙疆壹分」（原法幣面值折半） | 13<br> | 新民版／原紐約版<br>1942.6<br>20枚全 | 「粵區特用」 |
| 11<br> | 新民版／原香港中華版<br>1942.6<br>7枚全 | 「蒙疆肆分」（原法幣面值折半） | 14<br> | 同上／原香港中華版<br>1943.3<br>19枚全 | 「粵省貼用」 |

注：

日治華北郵政總局，和蒙疆聯合自治政府郵政局，沿用「中華郵政」發行郵票；面值沿用原來法幣。

日治華北總局的郵票加蓋所用字體乃篆體。

**圖表4　孫像郵票：日治時汪政府轄區加蓋（1940-1945）**

| 孫像類別 | 印刷版次／日期 | 加蓋識別 | 孫像類別 | 印刷版次／日期 | 加蓋識別 |
|---|---|---|---|---|---|
| 01  | 倫敦、香港中華、紐約等版<br>1943.3-1945.8 | 「暫售」＋新面值 | 06  | 香港中華、大東版<br>1940 | 「暫作叁分」湖南蓋 |
| 02  | 倫敦、香港中華、紐約等版本<br>1943.3-1945.8<br>套票以原版為主 | 「暫售」＋新面值 | 07  | 香港中華、大東版<br>1940 | 「暫作叁分」甘甯青蓋 |
| 03  | 香港中華、大東版<br>1940 | 「暫作叁分」上海蓋 | 08  | 香港中華、大東版<br>1940 | 「暫作叁分」江西蓋 |
| 04  | 香港中華、大東版<br>1940 | 「暫作叁分」東川蓋 | 09  | 香港版<br>1945.9.17 | 首加蓋：「暫售」（黑色）<br>次加蓋：「國幣」（綠色） |
| 05  | 香港中華、大東版<br>1940 | 「暫作叁分」（紅色）浙江蓋 | 10  | 紐約版<br>1945.9.17 | 首加蓋：「暫售」（黑色）<br>次加蓋：「國幣」（綠色） |

| 圖表5　孫像郵票：人民政府轄區加蓋（1949-50） | | | | |
|---|---|---|---|---|
| 孫像類別 | 印刷地點 | 版次／日期 | 加蓋識別 | 官方郵政 |
| 01<br> | 原中華郵政上海中央版、大東1和2版 | 1949.7<br>11枚全<br>（原金圓面值；最高額為10,000圓） | 「陝西」<br>「人民郵政」 | 人民政府接管的陝西郵政 |
| 02<br> | 原北平中央1、2版（框底原印「限東北貼用」） | 1949.3<br>15枚全（原值最高額109圓）<br>1949.7<br>4枚全（最高額100圓） | 「華北」<br>「人民郵政」<br>「改作」＋面值（人民幣） | 人民政府接管的華北郵政 |

## 圖表6　民國烈士原始（1932）和加蓋（1940/45）郵票

| 烈士原始郵票類別 | 個人簡歷 | 烈士加蓋郵票類別 | 加蓋識別 |
|---|---|---|---|
| 01<br> | 陳英士（陳其美）<br>浙江湖州<br>1878-1916 | 04<br> | 原蓋：汪政府時的「暫售」<br>（黑色：1940-45）<br>覆蓋：蔣氏政府的「國幣」<br>（綠色：1945-48） |
| 02<br> | 黃興（克強）<br>湖南<br>1874-1916 | 05<br> | 「國幣」（1945-48） |
| 03<br> | 宋教仁<br>湖南<br>1882-1913 | 06<br> | 「限臺灣貼用」／「貳錢」<br>（1945-） |

| 烈士原始郵票類別 | 個人簡歷 | 烈士加蓋郵票類別 | 加蓋識別 |
| --- | --- | --- | --- |
| 07<br> | 廖仲凱<br>廣東惠陽客家<br>1877-1925 | 10<br> | 「國幣」(1945-48) |
| 08<br> | 朱執信(大符)<br>廣東番禺<br>1885-1920 | 11<br> | 「金圓」(1948-49) |
| 09<br> | 鄧仲元(士元／鏗)<br>廣東惠陽客家<br>1886-1922<br>1915年曾訪新加坡 | 12<br> | 原蓋日治的「華北」(黑色：1938)<br>覆蓋「國幣」(綠色：1945-48) |

**圖表7　其他加蓋：戰後郵資值更改郵票（1945-1948）**

| 孫像類別 | 印刷版次／日期 | 加蓋識別 | 孫像類別 | 印刷版次／日期 | 加蓋識別 |
|---|---|---|---|---|---|
| 01<br> | 原香港版<br>1945.9.17 | 首加蓋：「暫售」（黑色）<br>次加蓋：「國幣」（綠色） | 04<br> | 原倫敦、香港、紐約等各版<br>1946.6 | 「國幣」+改值 |
| 02<br> | 原紐約版<br>1945.9.17 | 首加蓋：「暫售」（黑色）<br>次加蓋：「國幣」（綠色） | 05<br> | 原倫敦、香港、紐約等各版<br>1946.6 | 「國幣」+改值 |
| 03<br> | 原倫敦、香港、紐約等各版<br>1946.6 | 「國幣」+改值 | 06<br> | 原倫敦、香港、紐約等各版<br>1946.6 | 「國幣」+改值 |

| 孫像類別 | 印刷版次／日期 | 加蓋識別 | 孫像類別 | 印刷版次／日期 | 加蓋識別 |
|---|---|---|---|---|---|
| 07<br> | 原倫敦、香港、紐約等各版<br>1946.6 | 「國幣」＋改值 | 10<br> | 原中信、百城、重慶中央等版本<br>1948.4<br>16枚全 | 「改作」＋新高幣值<br>上海永寧和大業各加蓋兩次 |
| 08<br> | 原中信、百城、重慶中央等版本<br>1948.4<br>16枚全 | 「改作」＋新高幣值<br>上海永寧和大業各加蓋一、二次 | 11<br> | 原中信、百城、重慶中央等版本<br>1948.4<br>16枚全 | 「改作」＋新高幣值<br>上海永寧和大業個加蓋兩次 |
| 09<br> | 原中信、百城、重慶中央等版本<br>1948.4<br>16枚全 | 「改作」＋新高幣值<br>上海永寧和大業各加蓋兩次 | | | |

**圖表8　民國金圓、銀圓孫像郵票（1948-1949）**

| 孫像類別 | 印刷版次／日期 | 加蓋識別 | 孫像類別 | 印刷版次／日期 | 加蓋識別 |
|---|---|---|---|---|---|
| 01  | 倫敦、紐約、本地各版 1948.10.7 | 上海大業加蓋「金圓」＋面值 | 06  | 倫敦、紐約、本地各版 1948.10.7 | 上海大業加蓋「金圓」＋面值 |
| 02  | 倫敦、紐約、本地各版 1948.10.7 | 上海大業加蓋「金圓」＋面值 | 07  | 倫敦、紐約、本地各版 1948.10.7 | 上海大業加蓋「金圓」＋面值 |
| 03  | 倫敦、紐約、本地各版 1948.10.7 | 上海大業加蓋「金圓」＋面值 | 08  | 倫敦、紐約、本地各版 1948.12 | 上海順發加蓋「金圓」＋面值 |
| 04  | 倫敦、紐約、本地各版 1948.10.7 | 上海大業加蓋「金圓」＋面值 | 09  | 倫敦、紐約、本地各版 1948.12 | 上海元華加蓋「金圓」＋面值 |
| 05  | 倫敦、紐約、本地各版 1948.10.7 | 上海大業加蓋「金圓」＋面值 | 10  | 倫敦、紐約、本地各版 1948.12.7 | 成都加蓋「金圓」＋面值 |

| 孫像類別 | 印刷版次／日期 | 加蓋識別 | 孫像類別 | 印刷版次／日期 | 加蓋識別 |
|---|---|---|---|---|---|
| 11<br> | 倫敦、紐約、本地各版<br>1948.10.7<br>（窄距版） | 南京加蓋<br>「金圓」＋<br>面值 | 15<br> | 上海大東版<br>1949.5<br>9枚全 | 「桂區」<br>「銀圓」＋<br>面值 |
| 12<br> | 倫敦、紐約、本地各版<br>1948.10.7<br>（寬距版） | 南京加蓋<br>「金圓」＋<br>面值 | 16<br> | 上海大東版<br>1949.5<br>4枚全 | 「陝」<br>「國內平信郵資已付」<br>（銀圓） |
| 13<br> | 倫敦、紐約、本地各版<br>1948.10.7 | 福州加蓋<br>「金圓」＋<br>面值 | 17<br> | 華北新民版<br>1946.2<br>5枚全 | 「改作」＋<br>面值<br>「限東北貼用」 |
| 14<br> | 上海大東版<br>1949.4.28<br>4枚全 | 「湘」（湖南）<br>「國內航空郵票資已付」<br>（銀圓） | 18<br> | 北平中央版<br>1948.9<br>8枚全 | 「改作」＋<br>面值<br>原印「限東北貼用」 |

注：金圓1元折合舊法幣300萬元。舊法幣在1948年11月底停用。在1949年6月，平信郵資為金圓；1949年8月1日起改用銀圓。

## 圖表9 各轄區的政治性加蓋郵票（1929-1944）

| 孫像烈士類別 | 年代 | 加蓋內容 | 官方郵政 |
|---|---|---|---|
| 01  | 孫中山<br>1941（民國30年） | 中華民國創立三十週年紀念<br>（三十年十月十日） | 蔣氏國民政府的「中華郵政」 |
| 02  | 陳英士<br>1941（民國30年） | 中華民國創立三十週年紀念<br>（三十年十月十日） | 蔣氏國民政府的「中華郵政」 |
| 03  | 陳英士<br>1941（民國30年） | 國民政府還都一週年紀念／南京。<br>（三十年三月三十日） | 汪氏國民政府的「中華郵政」 |

| 孫像烈士類別 | 年代 | 加蓋內容 | 官方郵政 |
| --- | --- | --- | --- |
| 04<br> | 鄧仲元<br>1942（民國31年） | 河北<br>新嘉坡陷落紀念 | 日治河北的「中華郵政」 |
| 05<br> | 孫中山<br>1943（民國32年） | 收回祖界紀念<br>三十二年八月一日<br>伍角 | 汪氏國民政府的「中華郵政」 |
| 06<br> | 孫中山<br>1944（民國33年） | 華北<br>汪主席葬典紀念 | 日治河北的「華北郵政」 |

**圖表10　民初發行的袁大頭和孫像硬幣**

資料來源：個人收藏品。

**圖表11　民國發行的孫像（背面）拾圓／（正面）伍圓紙幣（1928/1930）**

**圖表12　臺灣流通的四類孫像硬幣（1950-2014）**

**圖表13　臺灣早期流通的兩類孫像紙幣（1949/1954）**

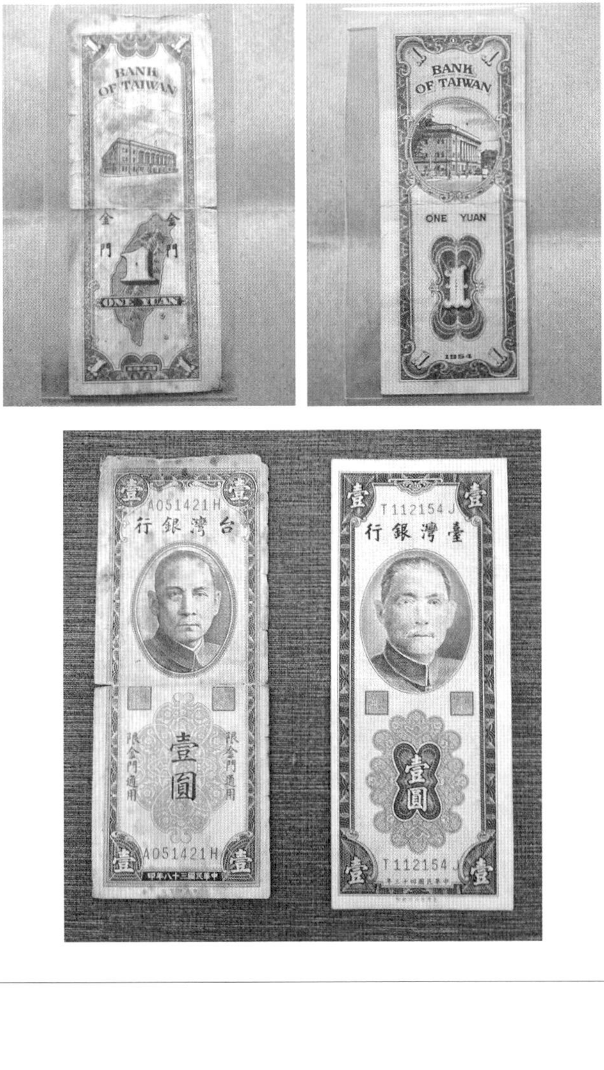

知識叢書 1094

# 口袋裡的家國：歌曲、郵票、錢幣中的國族認同

作　者—麥留芳
校　對—劉雯慧
資深編輯—張擎
責任企畫—林進韋
封面設計—兒日
內文排版—極翔企業有限公司

總 編 輯—胡金倫
董 事 長—趙政岷
出 版 者—時報文化出版企業股份有限公司
一〇八〇一九台北市萬華區和平西路三段二四〇號七樓
發行專線—（〇二）二三〇六六八四二
讀者服務專線—〇八〇〇二三一七〇五‧（〇二）二三〇四七一〇三
讀者服務傳真—（〇二）二三〇四六八五八
郵撥—一九三四四七二四時報文化出版公司
信箱—一〇八九九臺北華江橋郵政第九十九信箱

時報悅讀網—www.readingtimes.com.tw
電子郵件信箱—ctliving@readingtimes.com.tw
人文科學線臉書—http://www.facebook.com/jinbunkagaku
法律顧問—理律法律事務所　陳長文律師、李念祖律師
印　刷—金漾印刷有限公司
初版一刷—二〇二一年二月十九日
定　價—新台幣三二〇元


時報文化出版公司成立於一九七五年，並於一九九九年股票上櫃公開發行，於二〇〇八年脫離中時集團非屬旺中，以「尊重智慧與創意的文化事業」為信念。

口袋裡的家國：歌曲、郵票、錢幣中的國族認同 / 麥留芳著. -- 初版
. -- 臺北市：時報文化出版企業股份有限公司, 2021.02
面；　公分. --（知識叢書；1094）
ISBN 978-957-13-8519-8（平裝）

1.國家認同 2.國族認同 3.中國

571.1　　109021103

ISBN 978-957-13-8519-8
Printed in Taiwan